하나님 사랑합니다 2편

100일 묵상과 기도

Loving God Volume 2

100 Daily Meditations and Prayers

이영희 지음
Yong Hui V. McDonald

한충희 옮김
Translated by Choong-Hee Lee

『하나님 사랑합니다 2편, 100일 묵상과 기도』
(*Loving God Volume 2, 100 Daily Meditations and Prayers*)

지은이: 이영희
옮긴이: 한충희
영어 1쇄발행 2014년 6월 1일
한국어 1쇄발행 2014년 12월 1일

© 2014 이영희 (Yong Hui V. McDonald
also known as Vescinda McDonald)

표지 디자인: 르넷 맥클레인 (Lynette McClain)
표지 그림: 박영득 (Holly Weipz)
편집: 박영득, 한명옥, 임문순, 김옥순, 정광원 목사, Rita Finney
표낸곳: 아도라 (Adora Productions)
ISBN: 978-1502309273
홈페이지: www.maximumsaints.org
　　　　　http//blog.daum.net/leeborn777
　　　　　www.griefpathway.com
　　　　　www.veteranstwofish.org
이메일: tppm.ministry@gmail.com
　　　　yonghui.mcdonald@gmail.com

한국 연락처: 이본 목사, 변화 프로젝트 부장
　　　　　 하늘문교회
　　　　　 인천시 남동구 구월3동 1388-15
　　　　　 우편번호 405-840
Cell: 010-2210-2504, 교회전화: 070-8278-2504
이메일: leeborn777@hanmail.net

(본문의 성경말씀은 대한성서공회의 개역개정판을 따랐습니다.)

(아도라는 스페인어로 Adora이고 영어로는 Adoration으로서 하나님을 깊은 사랑과 존경으로서 경배한다는 뜻으로 사용이 되었습니다. 아도라의 목적은 문서를 통하여 예수님의 사랑의 이야기를 땅 끝까지 전하여 사람들의 영적인 성장과 치유를 추진하는 것입니다.)

이 책을 당신께 바칩니다

　이 글을 내가 가장 소중하게 생각하며 사랑하는 하나님 아버지, 예수님, 성령님 그리고 하나님을 사랑하는 것을 배우기 원하는 사람들을 위해서 바칩니다.

감사의 글

이 책이 출판될 수 있도록 번역을 해주신 한충희, 성경을 찾아주신 임문순, 편집을 도와주신 박영득, 한명옥, 김옥순, 정광원 목사, Rita Finney와 아름다운 일러스트레이션과 표지 그림을 그려주신 박영득, 그리고 나에게 믿음을 심어주시고 항상 기도하시며 격려를 해주시는 어머니께 진심으로 감사 드립니다.

놀라운 은혜와 기적을 보여주시며 교도소 선교와 문서 선교의 문을 열어주신 하나님께 깊은 감사를 드립니다. 마지막으로 모든 영광을 예수님께 돌립니다. 그분이 아니셨다면 이 책은 쓰여지지 못했을 것입니다.

목록

서원
감사
서문
하나님 사랑하기

제1장: 하나님 사랑을 묵상하기 / 15

1일: 창조하시고 축복하신 하나님
2일: 아담과 이브를 위해 옷을 만드셨다
3일: 하나님은 노아가 마음에 드셨다
4일: 노아의 하나님에 대한 사랑
5일: 노아가 하나님을 기쁘게 했다
6일: 아브라함의 하나님에 대한 사랑
7일: 하나님은 아브라함과 함께 하셨다
8일: 하나님의 열정
9일: 하나님은 의인을 기억하신다
10일: 욥의 하나님에 대한 사랑
11일: 사랑은 예배를 통해서 표현된다
12일: 하나님은 욥을 위해 말씀하셨다
13일: 하나님은 신의를 지키는 사람을 존중하신다
14일: 사랑은 순종하는 것이다
15일: 하나님은 다니엘을 보호하셨다
16일: 하나님의 자비를 신뢰하라
17일: 하나님의 사랑 담긴 응답
18일: 두번째 기회를 주신다

19일: 메세지를 나누라
20일: 하나님을 기쁘게 해드려라

2장: 마태복음이 가르치는 하나님 사랑 / 36

21일: 요셉의 하나님에 대한 사랑
22일: 예수님 따라가기
23일: 무한한 하나님의 축복들
24일: 하나님을 위하여 선한 일을 하라
25일: 하나님의 사랑의 마음
26일: 하나님의 사랑과 자비
27일: 죄인들이 섬기도록 부르신다
28일: 자신을 위해 나팔을 불지마라
29일: 값없이 주는 선물
30일: 가족보다 하나님을 더 사랑하기
31일: 하나님을 비웃지 마라
32일: 어린아이와 같이 되라
33일: 예수님의 긍휼
34일: 예수님의 사랑의 손
35일: 순수한 마음을 가져라
36일: 잃어버린 양을 찾으신다
37일: 용서하고 또 용서하라
38일: 하나님의 용서
39일: 어린아이들을 사랑하신다
40일: 돈을 사랑하지 마라
41일: 예수님과 맹인들
42일: 순종과 사랑
43일: 사랑스런 초대
44일: 하나님과 남들을 사랑하기

45일: 하나님께 마음을 집중을 하라
46일: 재능으로 섬기기
47일: 게으르지 마라
48일: 어려운 사람들을 돌보기
49일: 이기적이 아닌 사랑
50일: 사랑의 대가
51일: 회개할 기회를 주신다
52일: 희생은 사랑이다
53일: 하나님의 의를 기꺼이 받아 들이기
54일: 예수님의 사랑과 희생
55일: 예수님에 대해 좋은 일들을 얘기 하기
56일: 사랑하면 용감해진다
57일: 하나님의 사랑과 천사들
58일: 예수님을 경배하기

3장: 이사야서가 가르치는 하나님 사랑 / 75

59일: 배신하지 말라
60일: 바르게 살라
61일: 평화를 만들기
62일: 우상을 가지지 말라
63일: 하나님의 경고를 들으라
64일: 부르심에 응답하라
65일: 하나님은 우리의 안식처시다
66일: 하나님을 기다리기
67일: 주님은 우리를 포기하지 않으신다
68일: 주님에 대한 경외심을 가져라
69일: 주님을 위해서 찬송과 선포를 하라
70일: 주님을 경배하라

71일: 하나님을 신뢰하라
72일: 하나님을 알기를 갈망하라
73일: 하나님께 영광을 올려라
74일: 하나님의 연단과 훈련을 감사하라
75일: 하나님의 말씀 안에서 기뻐하라
76일: 주님은 우리에게 응답하신다
77일: 하나님은 그분의 사람들을 방어하신다
78일: 위로를 주시는 주님
79일: 주님은 우리의 목자이시다
80일: 하나님 안에 희망을 두어라
81일: 하나님께 도움을 청하라
82일: 어둠에서 우리를 구하시는 주님
83일: 하나님은 우리를 도와주실 것이다
84일: 하나님을 부르기
85일: 하나님의 인내
86일: 하나님께 나아가라
87일: 하나님이 주시는 평온함
88일: 하나님의 은총
89일: 하나님의 위대한 사랑
90일: 주님의 복음을 전하라
91일: 그분은 우리를 위해서 짓밟히셨다
92일: 예수님은 우리의 속건제물이시다
93일: 예수님은 우리를 위해 기도하신다
94일: 하나님께 귀 기울여라
95일: 회개함으로 하나님을 찾아라
96일: 사랑을 실천하라
97일: 하나님이 원하시는 진정한 금식
98일: 죄는 우리를 하나님으로부터 갈라놓는다
99일: 정의를 실천하라
100일: 하나님을 위해 빛을 내라

부록
초대 / 120

자료:
변화 프로젝트 교도소 문서 선교 / 122
하늘문 선교회 / 123
재향 군인회 재단 / 123
저자에 대해서
화가에 대해서
역자에 대해서

서문

    2003년부터 콜로라도주 브라이튼에 있는 아담스 카운티 교도소에서 채플린으로 사역을 시작하였다. 그곳에서 하나님은 나에게 미국에서의 영적 부흥이 재소자들에게 가장 강력하게 일어나고 있다는 것을 보여주셨다. 또한 여러 책들을 쓰도록 인도하셨고 문서 선교를 통해서도 영적 부흥이 일어날 수 있다는 것을 알려주셨다.

    『하나님 사랑합니다, 100일 묵상과 기도』책은 내가 쓴 책중에서 가장 어렵게 썼고 성경말씀이 가장 많이 들어 있는 책이다. 이 책을 쓰는 것을 끝내고, 나는 그것을 나의 일상 기도로 사용하기 시작했다. 100일 묵상을 마치고 나서, 나는 다시 묵상을 시작하려는데 주님은 나에게 두번째 책을 쓰기를 요청하셨다.

    사실 나는 학교 숙제로 너무 바빠 쓰고 싶은 마음이 전혀 없었다. 주님은 이 두번째 책이 주님이 주시는 과제라고 숙고해야만 한다고 말씀하셨다. 하루에 하나씩 묵상을 준비하면 100일 안에 끝낼 수 있을 것이라고 하셨다. 나는 100일은 너무 부담감이 크니 하루에 10개의 묵상을 써서 10일안에 쓰게 해달라고 했는데 주님께서 그 기도를 응답하셨다.

    이 책을 끝낸 날이 2014년 4월20일 부활절 날이었다. 교도소 감방을 방문했을 때 한 남자 재소자가 나에게 『하나님 사랑합니다, 100일 묵상과 기도』책을 보여주면서 그 책을 자기가 매일 읽고 있으며 크게 도움이 된다면서 그런 책이 또 있느냐고 물어보았다. 그 재소자의 질문은 내가 왜 이 책을 써야 했는 지를 알게 해 주었다. 하나님을 어떻게 사랑하는지 가르쳐주는 성경구절로 가득 채워진 책이 사람들에게 필요함을 주님께서 말씀하시는 것이었다고 믿는다.

내가 이 책을 준비하면서 주님의 인도하심과 나 자신의 부족함을 느끼고 눈물로 회개도 했다. 성경말씀은 강력해서 나의 마음에 말씀해 주신다. 이 책을 다 끝냈을 때, 이것이 주님께서 나에게 주시는 큰 축복의 선물임을 깨달았다. 독자들도 내가 은혜를 받은 것 같이 은혜 받기를 기도한다. 하나님께서 내 가슴에 펼치신 이 과제에 감사하며 하나님을 찬양한다.

첫번째 책과 같이, 이 책은 거의 성경말씀과 짧은 묵상과 함께 기도로 되어 있다. 이 책을 읽는 사람들도 하나님의 말씀을 읽으면서 주님의 깊은 사랑을 더 알게 되고 하나님에 대한 사랑이 자라기를 기도한다.

"하나님 사랑하기"

하나님을 사랑하는 가르침은 우리가 죽을 때까지 끝이 없을 것입니다. 우리 모두는 이땅에 사는 동안 하나님을 어떻게 사랑하는지 배우는 수업을 받아야 합니다.

단시일에 우리는 주님에 대한 사랑을 발견하지는 못합니다. 하나님을 사랑하는 것은 삶에서 무엇이 중요한지 아는 것을 발전시키는 과정입니다. 그것은 어느 것보다도 그분을 찬양하고 말하는 것과 같이, 하나님에 대한 생각을 우선으로 하는 습관을 발전시키는 방법입니다. 그것은 그분이 누구신지 또 우리가 그리스도 안에서 우리의 존재가치를 인식하는 길입니다.

우리의 삶에서 가장 중요한 것은 하나님을 사랑하는 것이라는 것임을 아는 것이 필요합니다. 그리고 그 다음 단계는 하나님을 사랑하고 싶은 열망입니다. 궁극적으로, 매순간 그분을 사랑하는 습관을 계속 발전시키는 것이 필요합니다.

하나님을 어떻게 사랑하는지 배우는 과정에서, 그분이 우리를 사랑하시는 것과 같이 우리들 자신을 사랑하는 것과, 그분이 다른 사람들을 사랑하시는 것과 같이 우리가 다른 사람들을 어떻게 사랑하는지를 배웁니다. 당신이 하나님을 사랑한다면, 이기주의에서 벗어나 그분의 계획들을 찾아서 순종하는 것을 배워야 합니다. 그러면 하나님의 사랑에 대해서 또 그분을 어떻게 사랑하는지를 다른 사람에게 알려 주고 싶은 욕구가 생길 것입니다.

우리가 주님을 천국에서 만나게 될 때, 그분을 어떻게 사랑하는 지를 배우는 이 수업은 완성될 것입니다. 우리는 그분에 대해 완전한 사랑과 경배를 하게 될 것입니다. 하나님의 영광과 위대하심을 보고 우리의 눈이 뜨일 것입니다. 우리 마음의 깊은 곳에, 주님을 향한 사랑이 있게 될 것이고 그분은 우리로 인해 기뻐하실 것입니다. 우리는 아직 거기까지 가지 못했습니다. 우리는 그분을 사랑하는 것을 배우며 이 지구상에 살고 있습니다. 이것은 우리의 연약함, 죄성 그리고 근심들 때문에 쉬운 수업이 아닙니다.

주님은 우리가 직면한 방해물들을 아시고 우리에게 계속해서 배우기를 권고하십니다. 어느 때는 우리가 주님을 사랑하는지 아닌지에 대한 시험이 있습니다. 그분은 우리를 사랑하시기에 우리가 이 과정을 통과 하기를 원하십니다. 그것은 매우 어려운 수업이지만, 우리가 주님을 의지하고 매일 그분을 사랑하는 습관을 개발하면, 이 수업에서 잘 할 수 있도록 도와 주실 것입니다.

성경말씀은 하나님께서 우리에게 무엇을 원하시는지 말해줍니다. 매순간 그분을 기쁘게 해 드리는 것이 그분을 사랑하는 것입니다. 만일 우리가 누군가를 사랑한다면, 우리는 그 사람을 행복하게 해 주려고 노력합니다. 하나님을 사랑하는 것은 이것과 같습니다. 우리가 그분을 사랑한다면, 우리는 그분을 행복하게 하는 일들을 하기를 원할 것입니다.

하나님은 우리에게 선택권을 주십니다. 주님을 사랑하기로 결심한 사람은 축복받은 사람입니다. 그분을 사랑하기로 결정 할 때에 하나님은 기뻐하실 것입니다. 하나님을 사랑하는 습관을 개발하는 것을 배우십시요. 이렇게 하는 것은 그분을 기쁘시게 할 것이고 그분의 얼굴에 웃음을 가져 올 것입니다.

하나님을 사랑하는 것보다 더 중요한 일은 없습니다. 당신이 하나님을 사랑할 때, 하나님의 마음-아름다운 보물을 발견할 것입니다. 그분은 당신에게 확신을 가지실 것입니다. 그분은 그분을 사랑하는 사람을 신뢰 하십니다.

    이 책을 읽을 때에 주님이 당신을 축복하시고, 그분을 어떻게 사랑하는지 배우기를 바랍니다.

1장
하나님 사랑을 묵상하기

1일

창조하시고 축복하신 하나님

하나님이 인류를 창조하시고 축복하셨습니다.

"하나님이 이르시되 우리의 형상을 따라 우리의 모양대로 우리가 사람을 만들고 그들로 바다의 물고기와 하늘의 새와 가축과 온 땅과 땅에 기는 모든 것을 다스리게 하자 하시고 하나님이 자기 형상 곧 하나님의 형상대로 사람을 창조하시되 남자와 여자를 창조하시고 하나님이 그들에게 복을 주시며 하나님이 그들에게 이르시되 생육하고 번성하여 땅에 충만하라, 땅을 정복하라, 바다의 물고기와 하늘의 새와 땅에 움직이는 모든 생물을 다스리라 하시니라 하나님이 이르시되 내가 온 지면의 씨 맺는 모든 채소와 씨 가진 열매 맺는 모든 나무를 너희에게 주노니 너희의 먹을 거리가 되리라 또 땅의 모든 짐승과 하늘의 모든 새와 생명이 있어 땅에 기는 모든 것에게는 내가 모든 푸른 풀을 먹을 거리로 주노라 하시니 그대로 되니라 하나님이 지으신 그 모든 것을 보시니 보시기에 심히 좋았더라 저녁이 되고 아침이 되니 이는 여섯째 날이니라" (창세기 1:26~31).

하나님은 우리를 사랑하시며 우리와 사랑의 관계를 갖기를 원하십니다. 하나님은 우리를 그분의 형상대로 지으셨습니다. 아담과 이브는 주님과 대화를 주고 받는 가까운 관계를 가졌습니다. 주님은 그들을 축복하셨고, 그들이 어떻게 생산적이고 결실 있는 삶을 살지에 대해서도 말씀해 주셨습니다.

기도: "예수님, 당신의 그 깊고 큰 사랑을 이해하도록 도와주세요."

2일

아담과 이브를 위해 옷을 만드셨다

하나님은 우리에게 많은 것을 축복하셨지만, 그분은 또한 우리와 사랑의 관계를 유지하기 위하여 우리에게 순종을 원하시며 경고도 하십니다.

"여호와 하나님이 그 사람을 이끌어 에덴 동산에 두어 그것을 경작하며 지키게 하시고 여호와 하나님이 그 사람에게 명하여 이르시되 동산 각종 나무의 열매는 네가 임의로 먹되 선악을 알게 하는 나무의 열매는 먹지 말라 네가 먹는 날에는 반드시 죽으리라 하시니라" (창세기 2:15~17).

아담과 이브는 주님께 불순종해서 동산에서 쫓겨났습니다. "여호와 하나님이 아담과 그의 아내를 위하여 가죽옷을 지어 입히시니라 여호와 하나님이 이르시되 보라 이 사람이 선악을 아는 일에 우리 중 하나 같이 되었으니 그가 그의 손을 들어 생명 나무 열매도 따먹고 영생할까 하노라 하시고 여호와 하나님이 에덴 동산에서 그를 내보내어 그의 근원이 된 땅을 갈게 하시니라 이같이 하나님이 그 사람을 쫓아내시고 에덴 동산 동쪽에 그룹들과 두루 도는 불 칼을 두어 생명 나무의 길을 지키게 하시니라" (창세기 3:21~24).

하나님은 사람들을 위한 최초의 옷을 만드셨습니다. 이것은 불순종하는 사람까지도 사랑하시는 하나님이심을 보여줍니다. 그분은 아담과 이브에게 보호가 필요한 것을 아시고 그들의 옷을 만들기 위해 동물들의 가죽을 이용하셨습니다.

기도: "주님, 당신과 가까운 사랑의 관계를 가질 수 있고 순종할 수 있도록 도와 주세요."

3일

하나님은 노아가 마음에 드셨다

성경은 하나님께서 창조하신 온세상, 특별히 아담과 이브가 불순종한 이후의 인간까지도 사랑하시는 것을 보여줍니다. 하나님께서는 우리의 죽음 후에도 천국에서의 영원한 생명을 가질 수 있는 희망의 길을 만들어 놓으셨습니다.

"하나님이 세상을 이처럼 사랑하사 독생자를 주셨으니 이는 그를 믿는 자마다 멸망하지 않고 영생을 얻게 하려 하심이라 하나님이 그 아들을 세상에 보내신 것은 세상을 심판하려 하심이 아니요 그로 말미암아 세상이 구원을 받게 하려 하심이라" (요한복음 3:16~17). 하나님께서는 죄에 빠진 우리들을 구원하기 위해 크신 사랑으로 예수님을 보내주셨습니다. 그분은 각 사람에게 예수님을 믿음으로써 구원받을 길을 제공하셨습니다. 하나님은 우리가 누구이든 우리를 사랑하십니다. 성경에는 하나님에 대한 깊은 사랑을 가진 특별한 사람들을 하나님께서 선택하시는데 노아가 그중의 한사람입니다. "그러나 노아는 여호와께 은혜를 입었더라 이것이 노아의 족보니라 노아는 의인이요 당대에 완전한 자라 그는 하나님과 동행하였으며" (창세기 6:8~9). 하나님의 은혜를 받는 것은 특별한 축복이고 그것은 책임있는 삶을 통해서 얻어질 수 있습니다. 예수님에 대한 믿음뿐만이 아니라 그분과 동행하는 것이 필요합니다. 당신도 주님의 은혜를 받고 싶나요? 그러면 노아가 한 것처럼 하십시오. 주님으로부터 은혜를 받기위해 당신의 어떤 점을 바꾸어야 하는지 생각해 보십시오.

기도: "예수님, 저도 노아와 같이 당신과 동행하고 은혜를 받고 싶어요. 당신을 기쁘게 할 수 있는 의롭고 온전한 삶을 살도록 인도해 주세요."

4일

노아의 하나님에 대한 사랑

하나님이 사람들을 사랑하셨으나, 그들이 서로 상처를 줄 때에는 마음이 상하셨습니다.

"그 때에 온 땅이 하나님 앞에 부패하여 포악함이 땅에 가득한지라 하나님이 보신즉 땅이 부패하였으니 이는 땅에서 모든 혈육 있는 자의 행위가 부패함이었더라 하나님이 노아에게 이르시되 모든 혈육 있는 자의 포악함이 땅에 가득하므로 그 끝 날이 내 앞에 이르렀으니 내가 그들을 땅과 함께 멸하리라 너는 고페르 나무로 너를 위하여 방주를 만들되 그 안에 칸들을 막고 역청을 그 안팎에 칠하라...너는 먹을 모든 양식을 네게로 가져다가 저축하라 이것이 너와 그들의 먹을 것이 되리라 노아가 그와 같이 하여 하나님이 자기에게 명하신 대로 다 준행하였더라 여호와께서 노아에게 이르시되 너와 네 온 집은 방주로 들어가라 이 세대에서 네가 내 앞에 의로움을 내가 보았음이니라" (창세기 6:11~7:1).

하나님께서는 노아를 깊이 사랑하시고 돌보시어 방주를 만들게 하시고 노아와 그 가족을 구하셨습니다. 노아는 의로운 삶을 살았고, 주님께 순종하며 그의 말씀에 귀를 기울였기 때문입니다. 우리가 하나님을 사랑할 때, 우리는 그분께 순종하게되고 분쟁이 아닌 평화를 창조합니다.

"나는 이혼하는 것과 학대로 옷을 가리우는 자를 미워하노라 만군의 여호와의 말이니라 그러므로 너희 심령을 삼가 지켜 궤사를 행치 말지니라" (말라기 2:16).

기도: "예수님, 제가 다른 사람들에게 무례한 행동이나 말이나 생각으로 당신을 슬프게 한다면 용서해 주세요. 제가 생각이나, 말과 행동으로 저의 가정과 세상에 평화를 창조할 수 있게 해주세요."

5일

노아가 하나님을 기쁘게 했다

하나님과 가까운 사랑의 관계를 가질 때에, 그분은 당신의 갈길을 이끌어 주시고 그분의 마음을 당신과 함께 나누실 것입니다. "너는 네 아내와 네 아들들과 네 자부들로 더불어 방주에서 나오고 너와 함께한 모든 혈육 있는 생물 곧 새와 육축과 땅에 기는 모든 것을 다 이끌어 내라 이것들이 땅에서 생육하고 땅에서 번성하리라 하시매 노아가 그 아들들과 그 아내와 그 자부들과 함께 나왔고 땅위의 동물 곧 모든 짐승과 모든 기는 것과 모든 새도 그 종류대로 방주에서 나왔더라 노아가 여호와를 위하여 단을 쌓고 모든 정결한 짐승 중에서와 모든 정결한 새 중에서 취하여 번제로 단에 드렸더니 여호와께서 그 향기를 흠향하시고 그 중심에 이르시되 내가 다시는 사람으로 인하여 땅을 저주하지 아니하리니 이는 사람의 마음의 계획하는 바가 어려서부터 악함이라 내가 전에 행한 것 같이 모든 생물을 멸하지 아니하리니 땅이 있을 동안에는 심음과 거둠과 추위와 더위와 여름과 겨울과 낮과 밤이 쉬지 아니하리라" (창세기 8:16~22).

하나님께서는 노아의 번제를 아주 만족하시어 다시는 온 세상을 홍수로 쓸어버리지 않기로 결정하셨습니다. 어떻게 노아는 하나님의 마음을 움직였을까요? 어떻게 노아는 하나님의 마음을 이해할 수 있었을까요? 그는 의로운 사람이었기에 하나님의 마음을 움직였습니다.

"악인의 제사는 여호와께서 미워하셔도 정직한 자의 기도는 그가 기뻐하시느니라" (잠언 15:8). 우리가 성결한 삶을 살며 기도를 할 때에, 주님께서 기뻐하십니다.

기도: "주님, 제가 의로운 삶을 살며 저의 기도가 당신의 마음을 움직이고 기쁨을 드리기를 원합니다."

6일

아브라함의 하나님에 대한 사랑

"아브람이 구십구 세 때에 여호와께서 아브람에게 나타나서 그에게 이르시되 나는 전능한 하나님이라 너는 내 앞에서 행하여 완전하라 내가 내 언약을 나와 너 사이에 두어 너를 크게 번성하게 하리라 하시니 아브람이 엎드렸더니 하나님이 또 그에게 말씀하여 이르시되 보라 내 언약이 너와 함께 있으니 너는 여러 민족의 아버지가 될지라 이제 후로는 네 이름을 아브람이라 하지 아니하고 아브라함이라 하리니 이는 내가 너를 여러 민족의 아버지가 되게 함이니라 내가 너로 심히 번성하게 하리니 내가 네게서 민족들이 나게 하며 왕들이 네게로부터 나오리라...하나님이 또 아브라함에게 이르시되 네 아내 사래는 이름을 사래라 하지 말고 사라라 하라 내가 그에게 복을 주어 그가 네게 아들을 낳아 주게 하며 내가 그에게 복을 주어 그를 여러 민족의 어머니가 되게 하리니 민족의 여러 왕이 그에게서 나리라 아브라함이 엎드려 웃으며 마음속으로 이르되 백 세 된 사람이 어찌 자식을 낳을까 사라는 구십 세니 어찌 출산하리요...하나님이 이르시되 아니라 네 아내 사라가 네게 아들을 낳으리니 너는 그 이름을 이삭이라 하라...내 언약은 내가 내년 이 시기에 사라가 네게 낳을 이삭과 세우리라" (창세기 17:1~21).

하나님께서는 아브라함과 사라를 사랑하시어 그들에게 이삭을 축복으로 주셨습니다. 하나님께서는 아브라함에게 당신과 동행하며 완전한 사람이 되라고 하셨습니다. 하나님께서 아브라함에게 요구하시는 것이 우리에게도 원하시는 것입니다. 그분을 사랑하는 것은 그분의 말씀에 순종하는 것입니다.

기도: "예수님, 제가 아브라함과 같이 당신과 동행하며 완전하며 순종하기를 원합니다."

7일

하나님은 아브라함과 함께 하셨다

아브라함은 하나님과 대화하면서 가까운 관계를 유지했습니다. 하나님은 아브라함과 함께 하셨으며 그에게 당신의 계획을 말씀하셨습니다.

"여호와께서 이르시되 내가 하려는 것을 아브라함에게 숨기겠느냐 아브라함은 강대한 나라가 되고 천하 만민은 그로 말미암아 복을 받게 될 것이 아니냐 내가 그로 그 자식과 권속에게 명하여 여호와의 도를 지켜 의와 공도를 행하게 하려고 그를 택하였나니 이는 나 여호와가 아브라함에게 대하여 말한 일을 이루려 함이니라 여호와께서 또 이르시되 소돔과 고모라에 대한 부르짖음이 크고 그 죄악이 심히 무거우니 내가 이제 내려가서 그 모든 행한 것이 과연 내게 들린 부르짖음과 같은지 그렇지 않은지 내가 보고 알려 하노라 그 사람들이 거기서 떠나 소돔으로 향하여 가고 아브라함은 여호와 앞에 그대로 섰더니 아브라함이 가까이 나아가 이르되 주께서 의인을 악인과 함께 멸하려 하시나이까 그 성 중에 의인 오십 명이 있을지라도 주께서 그 곳을 멸하시고 그 오십 의인을 위하여 용서하지 아니하시리이까 주께서 이같이 하사 의인을 악인과 함께 죽이심은 부당하오며 의인과 악인을 같이 하심도 부당하니이다 세상을 심판하시는 이가 정의를 행하실 것이 아니니이까 여호와께서 이르시되 내가 만일 소돔 성읍 가운데에서 의인 오십 명을 찾으면 그들을 위하여 온 지역을 용서하리라" (창세기 18:17~26).

끝내는 하나님께서 아브라함에게 의인 열이 있으면, 도시를 멸하지 않겠다고 하셨습니다. 이것이 하나님의 사랑과 자비이십니다.

기도: "하나님, 당신의 사랑과 자비에 감사합니다."

8일

하나님의 열정

두 천사가 소돔과 고모라의 사정을 알아보기 위해 롯을 방문했습니다. 사람들은 그들과 성관계를 갖기 위해 그 두사람을 밖으로 내보내라고 롯에게 청했습니다. 그들은 롯의 문을 부수려했으나, 그 천사들이 그들의 눈을 멀게하여 그들은 찾을 수가 없었습니다.

"그 사람들이 롯에게 이르되 이 외에 네게 속한 자가 또 있느냐 네 사위나 자녀나 성 중에 네게 속한 자들을 다 성 밖으로 이끌어 내라 그들에 대한 부르짖음이 여호와 앞에 크므로 여호와께서 이 곳을 멸하시려고 우리를 보내셨나니 우리가 멸하리라 롯이 나가서 그 딸들과 결혼할 사위들에게 말하여 이르기를 여호와께서 이 성을 멸하실 터이니 너희는 일어나 이 곳에서 떠나라 하되 그의 사위들은 농담으로 여겼더라 동틀 때에 천사가 롯을 재촉하여 이르되 일어나 여기 있는 네 아내와 두 딸을 이끌어 내라 이 성의 죄악 중에 함께 멸망할까 하노라 그러나 롯이 지체하매 그 사람들이 롯의 손과 그 아내의 손과 두 딸의 손을 잡아 인도하여 성 밖에 두니 여호와께서 그에게 자비를 더하심이었더라...롯이 소알에 들어갈 때에 해가 돋았더라 여호와께서 하늘 곧 여호와께로부터 유황과 불을 소돔과 고모라에 비같이 내리사 그 성들과 온 들과 성에 거주하는 모든 백성과 땅에 난 것을 다 엎어 멸하셨더라 롯의 아내는 뒤를 돌아보았으므로 소금 기둥이 되었더라" (창세기 19:12~26).

하나님은 회개하는 사람들과 의인을 구하시고 악인을 벌하십니다.

기도: "예수님, 의인의 삶을 살기 원합니다. 저를 도와 주세요."

9일

하나님은 의인을 기억하신다

"아브라함이 그 아침에 일찍이 일어나 여호와 앞에 서 있던 곳에 이르러 소돔과 고모라와 그 온 지역을 향하여 눈을 들어 연기가 옹기 가마의 연기같이 치솟음을 보았더라 하나님이 그 지역의 성을 멸하실 때 곧 롯이 거주하는 성을 엎으실 때에 하나님이 아브라함을 생각하사 롯을 그 엎으시는 중에서 내보내셨더라 롯이 소알에 거주하기를 두려워하여 두 딸과 함께 소알에서 나와 산에 올라가 거주하되 그 두 딸과 함께 굴에 거주하였더니" (창세기 19:27~30).

"소돔과 고모라 성을 멸망하기로 정하여 재가 되게 하사 후세에 경건하지 아니할 자들에게 본을 삼으셨으며 무법한 자들의 음란한 행실로 말미암아 고통 당하는 의로운 롯을 건지셨으니 (이는 이 의인이 그들 중에 거하여 날마다 저 불법한 행실을 보고 들음으로 그 의로운 심령이 상함이라) 주께서 경건한 자는 시험에서 건지실 줄 아시고 불의한 자는 형벌 아래에 두어 심판 날까지 지키시며" (베드로후서 2:6~9).

당신이 주님과 사랑의 관계를 갖고 그분의 은혜를 받기 원한다면 하나님을 기쁘시게 할 의로운 삶을 추구하십시오.

기도: "예수님, 제가 생각과 말과 행동으로 죄를 지었다면, 용서하여 주세요."

10일

욥의 하나님에 대한 사랑

욥은 하나님을 깊게 사랑하고 기도하는 사람이었습니다. "우스 땅에 욥이라 불리는 사람이 있었는데 그 사람은 온전하고 정직하여 하나님을 경외하며 악에서 떠난 자더라 그에게 아들 일곱과 딸 셋이 태어나니라 그의 소유물은 양이 칠천 마리요 낙타가 삼천 마리요 소가 오백 겨리요 암나귀가 오백 마리이며 종도 많이 있었으니 이 사람은 동방 사람 중에 가장 훌륭한 자라 그의 아들들이 자기 생일에 각각 자기의 집에서 잔치를 베풀고 그의 누이 세 명도 청하여 함께 먹고 마시더라 그들이 차례대로 잔치를 끝내면 욥이 그들을 불러다가 성결하게 하되 아침에 일어나서 그들의 명수대로 번제를 드렸으니 이는 욥이 말하기를 혹시 내 아들들이 죄를 범하여 마음으로 하나님을 욕되게 하였을까 함이라 욥의 행위가 항상 이러하였더라" (욥기 1:1~5).

욥은 자신이 성결한 삶을 살았을 뿐 아니라, 자녀들에게도 그런 삶을 살도록 가르치려고 노력했습니다. 욥의 기도 자세는 우리가 배울 점입니다. 우리는 우리 자녀들을 위해서 뿐 아니라, 다른 사람들을 위해서도 기도를 해야만 합니다.

기도: "주님, 욥이 한 것과 같이 당신을 어떻게 사랑하고 섬길 수 있는지를 다른 사람들에게 전할 수 있게 저를 도와주세요. 우리 아이들과 가족이 당신의 사랑을 경험하여 당신을 사랑하며, 의로운 삶을 살고, 섬길 수 있기를 위해서 기도합니다."

11일

사랑은 예배를 통해서 표현된다

욥은 훌륭한 사람이라고 알려져 있으나 하나님께서는 그를 성실한 종이라고 알고 계십니다.

"여호와께서 사탄에게 이르시되 네가 내 종 욥을 주의하여 보았느냐 그와 같이 온전하고 정직하여 하나님을 경외하며 악에서 떠난 자는 세상에 없느니라" (욥기 1:8).

하나님께서는 욥으로 인해 너무 기쁘셔서 욥을 자랑하셨습니다. 사탄은 욥이 너무 많은 축복을 받았기 때문에 하나님께 신실한 사람이라고 말했습니다. 하나님은 사탄에게 욥이 신실함을 유지하는지를 시험하도록 허락하셨습니다. 이 시험에서, 욥은 그의 모든 재산과, 아들 7명과, 딸 3명을 잃었고, 그의 건강까지도 잃었습니다. 사탄은 이같이 가혹한 상태에서 욥이 하나님으로부터 돌아서서 욕을 할 것이라고 생각했지만, 욥은 신실함을 잃지 않았습니다. 욥의 주님에 대한 사랑은 변하지 않았습니다.

"욥이 일어나 겉옷을 찢고 머리털을 밀고 땅에 엎드려 예배하며" (욥기 1:20). 하나님을 예배하는 것은 우리가 그분을 얼마나 사랑하는지를 보여 줍니다. 재난이 닥쳐 올 때에라도 우리는 하나님을 예배할 수 있을까요? 욥은 하나님을 예배했고 말했습니다, "이르되 내가 모태에서 알몸으로 나왔사온즉 또한 알몸이 그리로 돌아가올지라 주신 이도 여호와시요 거두신 이도 여호와시오니 여호와의 이름이 찬송을 받으실지니이다 하고 이 모든 일에 욥이 범죄하지 아니하고 하나님을 향하여 원망하지 아니하니라" (욥기 1:21~22).

기도: "예수님, 욥과 같이 좋을 때나 나쁠 때나 당신을 경배할 수 있도록 인도해 주세요. 당신을 기쁘게 해 드릴 수 있는 믿음과 사랑을 어느 때나 지닐 수 있도록 도와 주세요."

12일

하나님은 욥을 위해 말씀하셨다

욥의 친구들은 욥의 어려움은 그가 잘못해서 고난을 받는 것이라고 비난했지만, 주님은 그들의 잘못을 책망하셨습니다. "그 때에 욥의 친구 세 사람이 이 모든 재앙이 그에게 내렸다 함을 듣고 각각 자기 지역에서부터 이르렀으니 곧 데만 사람 엘리바스와 수아 사람 빌닷과 나아마 사람 소발이라 그들이 욥을 위문하고 위로하려 하여 서로 약속하고 오더니 눈을 들어 멀리 보매 그가 욥인 줄 알기 어렵게 되었으므로 그들이 일제히 소리 질러 울며 각각 자기의 겉옷을 찢고 하늘을 향하여 티끌을 날려 자기 머리에 뿌리고 밤낮 칠 일 동안 그와 함께 땅에 앉았으나 욥의 고통이 심함을 보므로 그에게 한 마디도 말하는 자가 없었더라" (욥기 2:11~13).

"생각하여 보라 죄 없이 망한 자가 누구인가 정직한 자의 끊어짐이 어디 있는가 내가 보건대 악을 밭 갈고 독을 뿌리는 자는 그대로 거두나니" (욥기 4:7~8). "그런즉 너희는 수소 일곱과 숫양 일곱을 가지고 내 종 욥에게 가서 너희를 위하여 번제를 드리라 내 종 욥이 너희를 위하여 기도할 것인즉 내가 그를 기쁘게 받으리니 너희가 우매한 만큼 너희에게 갚지 아니하리라 이는 너희가 나를 가리켜 말한 것이 내 종 욥의 말 같이 옳지 못함이라...여호와께서 욥을 기쁘게 받으셨더라" (욥기 42:8~9). 당신이 결백하다면 끝까지 하나님의 사랑에 의지하고, 주님께서 당신을 위한 말씀을 주시기를 바라며 기도와 인내로 기다리십시오.

기도: "주님, 다른 사람들의 오해 속에서도 인내할 수 있도록 힘을 주시고 끊임없이 당신의 사랑과 자비에 초점을 맞출 수 있기를 원합니다."

13일

하나님은 신의를 지키는 사람을 존중하신다

당신의 믿음이, 특히 하나님에 대한 경외심이 없는 곳에서는, 시험을 겪을 수도 있습니다. 느부갓네살 왕은 크나큰 금으로 만든 우상을 만들고, 누구든지 그 금상에 절하지 않고 예배하지 않는 사람은 활활 타는 용광로에 던져질 것이라고 경고했습니다.

"사드락과 메삭과 아벳느고가 왕에게 대답하여 이르되 느부갓네살이여 우리가 이 일에 대하여 왕에게 대답할 필요가 없나이다 왕이여 우리가 섬기는 하나님이 계시다면 우리를 맹렬히 타는 풀무불 가운데에서 능히 건져내시겠고 왕의 손에서도 건져내시리이다 그렇게 하지 아니하실지라도 왕이여 우리가 왕의 신들을 섬기지도 아니하고 왕이 세우신 금 신상에게 절하지도 아니할 줄을 아옵소서 느부갓네살이 분이 가득하여 사드락과 메삭과 아벳느고를 향하여 얼굴빛을 바꾸고 명령하여 이르되 그 풀무불을 뜨겁게 하기를 평소보다 칠 배나 뜨겁게 하라 하고 군대 중 용사 몇 사람에게 명령하여 사드락과 메삭과 아벳느고를 결박하여 극렬히 타는 풀무불 가운데에 던지라 하니라" (다니엘 3:16~20).

사드락, 메삭과 아벳느고는 왕이 만든 우상에 절하지 않았습니다. 왜 그랬을까요? 그들은 주님이 그들을 구하실 것이라고 믿었고, 하나님은 그렇게 하셨습니다. 그들은 하나님이 그들을 구하지 않을 지라도 믿음을 저버리지 않겠다고 말했습니다. 이것은 진정한 하나님에 대한 깊은 신뢰입니다. 하나님을 신뢰하는 것은 그분이 우리가 원하는 것을 주시던 안주시던 변하지 않고 그분을 사랑하는 것입니다.

기도: "예수님, 어떤 환경에서도 제가 믿음을 잃지않게 도와 주세요."

14일

사랑은 순종하는 것이다

다니엘은 포로로 잡혀서 바빌론으로 끌려가서 살았습니다. "다니엘은 뜻을 정하여 왕의 음식과 그가 마시는 포도주로 자기를 더럽히지 아니하리라 하고 자기를 더럽히지 아니하도록 환관장에게 구하니 하나님이 다니엘로 하여금 환관장에게 은혜와 긍휼을 얻게 하신지라 환관장이 다니엘에게 이르되 내가 내 주 왕을 두려워하노라 그가 너희 먹을 것과 너희 마실 것을 지정하셨거늘 너희의 얼굴이 초췌하여 같은 또래의 소년들만 못한 것을 그가 보게 할 것이 무엇이냐 그렇게 되면 너희 때문에 내 머리가 왕 앞에서 위태롭게 되리라 하니라 환관장이 다니엘과 하나냐와 미사엘과 아사랴를 감독하게 한 자에게 다니엘이 말하되 청하오니 당신의 종들을 열흘 동안 시험하여 채식을 주어 먹게 하고 물을 주어 마시게 한 후에 당신 앞에서 우리의 얼굴과 왕의 음식을 먹는 소년들의 얼굴을 비교하여 보아서 당신이 보는 대로 종들에게 행하소서 하매 그가 그들의 말을 따라 열흘 동안 시험하더니 열흘 후에 그들의 얼굴이 더욱 아름답고 살이 너욱 윤택하여 왕의 음식을 먹는 다른 소년들보다 더 좋아 보인지라 그리하여 감독하는 자가 그들에게 지정된 음식과 마실 포도주를 제하고 채식을 주니라 하나님이 이 네 소년에게 학문을 주시고 모든 서적을 깨닫게 하시고 지혜를 주셨으니 다니엘은 또 모든 환상과 꿈을 깨달아 알더라" (다니엘 1:8~17).

다니엘의 순종은 하나님의 은총과 사랑을 더 체험하는 계기가 되었습니다. 순종으로 주님을 기쁘게 해 드리는 것을 선택하는 것은 주님을 사랑하는 것입니다.

기도: "주님, 말씀에 순종하고 주님을 따를 수 있는 지혜와 용기를 갖도록 도와 주세요."

15일

하나님은 다니엘을 보호하셨다

다니엘은 하나님께 지속적으로 기도를 했습니다. 다른 정부 당국자들은 다니엘을 시기했습니다. 그들은 다니엘을 해치기위해 음모를 꾸몄고, 30일동안 다리오 왕 이외의 신에게 기도하는 사람은 사자 굴로 던져진다는 법을 명하라고 왕에게 청했습니다. 다니엘은 이것을 들었으나, 계속 하루에 세번씩 하나님께 기도했고, 주님께 도움을 청했습니다. 다니엘은 사자 굴에 던져졌습니다.

"이튿날에 왕이 새벽에 일어나 급히 사자 굴로 가서 다니엘이 든 굴에 가까이 이르러서 슬피 소리 질러 다니엘에게 묻되 살아 계시는 하나님의 종 다니엘아 네가 항상 섬기는 네 하나님이 사자들에게서 능히 너를 구원하셨느냐 하니라 다니엘이 왕에게 아뢰되 왕이여 원하건대 왕은 만수무강 하옵소서 나의 하나님이 이미 그의 천사를 보내어 사자들의 입을 봉하셨으므로 사자들이 나를 상해하지 못하였사오니 이는 나의 무죄함이 그 앞에 명백함이오며 또 왕이여 나는 왕에게도 해를 끼치지 아니하였나이다 하니라…그들이 다니엘을 굴에서 올린즉 그의 몸이 조금도 상하지 아니하였으니 이는 그가 자기의 하나님을 믿음이었더라 왕이 말하여 다니엘을 참소한 사람들을 끌어오게 하고 그들을 그들의 처자들과 함께 사자 굴에 던져 넣게 하였더니 그들이 굴 바닥에 닿기도 전에 사자들이 곧 그들을 움켜서 그 뼈까지도 부서뜨렸더라" (다니엘 6:19~24). 하나님을 제일 우선 순위에 두고 그분께 기도하는 것은 하나님을 사랑하는 것입니다.

기도: "예수님, 제가 당신과의 대화를 위해 지속적으로 기도하며 신실할 수 있게 해주세요."

16일

하나님의 자비를 신뢰하라

하나님께 다른 사람들의 죄와 당신의 죄를 용서해 달라고 빌어 본 적이 있습니까? 당신과 당신의 조국을 위해 은혜를 달라고 청하고 회개하는 시간을 가져본 적이 있습니까? 다니엘은 그 좋은 본보기 입니다.

"메대 족속 아하수에로의 아들 다리오가 갈대아 나라 왕으로 세움을 받던 첫 해 곧 그 통치 원년에 나 다니엘이 책을 통해 여호와께서 말씀으로 선지자 예레미야에게 알려 주신 그 연수를 깨달았나니 곧 예루살렘의 황폐함이 칠십 년만에 그치리라 하신 것이니라 내가 금식하며 베옷을 입고 재를 덮어쓰고 주 하나님께 기도하며 간구하기를 결심하고 내 하나님 여호와께 기도하며 자복하여 이르기를 크시고 두려워할 주 하나님, 주를 사랑하고 주의 계명을 지키는 자를 위하여 언약을 지키시고 그에게 인자를 베푸시는 이시여 우리는 이미 범죄하여 패역하며 행악하며 반역하여 주의 법도와 규례를 떠났사오며...수치가 우리에게 돌아오고 우리의 왕들과 우리의 고관과 조상들에게 돌아온 것은 우리가 주께 범죄하였음이니이다 마는 주 우리 하나님께는 긍휼과 용서하심이 있사오니 이는 우리가 주께 패역하였음이오며 우리 하나님 여호와의 목소리를 듣지 아니하며 여호와께서 그의 종 선지자들에게 부탁하여 우리 앞에 세우신 율법을 행하지 아니하였음이니이다" (다니엘 9:1~10).

기도: "예수님, 제가 회개할 죄가 있으면 회개를 하게 해주세요. 저와 다른 사람들의 죄를 용서해 주세요. 제가 당신과 가까운 사랑의 관계를 갖도록 도와 주세요."

17일

하나님의 사랑 담긴 응답

다니엘은 계속해서 기도하며 용서를 구합니다.

"주여 구하옵나니 주는 주의 공의를 따라 주의 분노를 주의 성 예루살렘, 주의 거룩한 산에서 떠나게 하옵소서 이는 우리의 죄와 우리 조상들의 죄악으로 말미암아 예루살렘과 주의 백성이 사면에 있는 자들에게 수치를 당함이니이다 그러하온즉 우리 하나님이여 지금 주의 종의 기도와 간구를 들으시고 주를 위하여 주의 얼굴 빛을 주의 황폐한 성소에 비추시옵소서 나의 하나님이여 귀를 기울여 들으시며 눈을 떠서 우리의 황폐한 상황과 주의 이름으로 일컫는 성을 보옵소서 우리가 주 앞에 간구하옵는 것은 우리의 공의를 의지하여 하는 것이 아니요 주의 큰 긍휼을 의지하여 함이니이다...내가 이같이 말하여 기도하며 내 죄와 내 백성 이스라엘의 죄를 자복하고 내 하나님의 거룩한 산을 위하여 내 하나님 여호와 앞에 간구할 때...가브리엘이 빨리 날아서 저녁 제사를 드릴 때 즈음에 내게 이르더니 내게 가르치며 내게 말하여 이르되 다니엘아 내가 이제 네게 지혜와 총명을 주려고 왔느니라 곧 네가 기도를 시작할 즈음에 명령이 내렸으므로 이제 네게 알리러 왔느니라 너는 크게 은총을 입은 자라 그런즉 너는 이 일을 생각하고 그 환상을 깨달을지니라" (다니엘 9:16~23).

하나님께서는 다니엘에게 통찰력을 주시고 이해 시키기 위해 천사를 보내셨습니다. 하나님께서는 우리에게도 영적인 이해와 통찰력을 주시며 우리를 사랑 하십니다.

기도: "주님, 제가 당신을 사랑하고 섬기는데에 있어서 영적인 통찰력과 이해력으로 축복해 주세요."

18일

두번째 기회를 주신다

"여호와의 말씀이 아밋대의 아들 요나에게 임하니라 이르시되 너는 일어나 저 큰 성읍 니느웨로 가서 그것을 향하여 외치라 그 악독이 내 앞에 상달되었음이니라 하시니라"(요나 1:1~2). 요나는 주님으로부터 도망갔으나 강렬한 태풍에 시달리고, 물고기 뱃속에서 3일 동안 회개하자 하나님께서는 요나를 한번 더 기회를 주시고 다시 말씀을 선포하라고 하셨습니다. "니느웨는 사흘 동안 걸을 만큼 하나님 앞에 큰 성읍이더라 요나가 그 성읍에 들어가서 하루 동안 다니며 외쳐 이르되 사십 일이 지나면 니느웨가 무너지리라 하였더니 니느웨 사람들이 하나님을 믿고 금식을 선포하고 높고 낮은 자를 막론하고 굵은 베 옷을 입은지라 그 일이 니느웨 왕에게 들리매 왕이 보좌에서 일어나 왕복을 벗고 굵은 베 옷을 입고 재 위에 앉으니라 왕과 그의 대신들이 조서를 내려 니느웨에 선포하여 이르되 사람이나 짐승이나 소 떼나 양 떼나 아무것도 입에 대지 말지니 곧 먹지도 말 것이요 물도 마시지 말 것이며 사람이든지 짐승이든지 다 굵은 베 옷을 입을 것이요 힘써 하나님께 부르짖을 것이며 각기 악한 길과 손으로 행한 강포에서 떠날 것이라 하나님이 뜻을 돌이키시고 그 진노를 그치사 우리가 멸망하지 않게 하시리라 그렇지 않을 줄을 누가 알겠느냐 한지라 하나님이 그들이 행한 것 곧 그 악한 길에서 돌이켜 떠난 것을 보시고 하나님이 뜻을 돌이키사 그들에게 내리리라고 말씀하신 재앙을 내리지 아니하시니라"(요나 3:3b~10). 하나님께서는 우리를 너무 사랑하시어 회개하는 우리를 긍휼히 여기시고 용서해 주십니다.

기도: "주님, 저를 용서해 주심에 감사 드립니다."

19일

메세지를 나누라

하나님은 모든 사람을 사랑하십니다. 그분은 우리 모두가 회개로 구원받기를 원하십니다. 이 메세지를 전하는 책임을 에스겔에게 주셨습니다.

"그러나 칼이 임함을 파수꾼이 보고도 나팔을 불지 아니하여 백성에게 경고하지 아니하므로 그 중의 한 사람이 그 임하는 칼에 제거 당하면 그는 자기 죄악으로 말미암아 제거되려니와 그 죄는 내가 파수꾼의 손에서 찾으리라 인자야 내가 너를 이스라엘 족속의 파수꾼으로 삼음이 이와 같으니라 그런즉 너는 내 입의 말을 듣고 나를 대신하여 그들에게 경고할지어다 가령 내가 악인에게 이르기를 악인아 너는 반드시 죽으리라 하였다 하자 네가 그 악인에게 말로 경고하여 그의 길에서 떠나게 하지 아니하면 그 악인은 자기 죄악으로 말미암아 죽으려니와 내가 그의 피를 네 손에서 찾으리라 그러나 너는 악인에게 경고하여 돌이켜 그의 길에서 떠나라고 하되 그가 돌이켜 그의 길에서 떠나지 아니하면 그는 자기 죄악으로 말미암아 죽으려니와 너는 네 생명을 보전하리라…너는 그들에게 말하라 주 여호와의 말씀이니라 나의 삶을 두고 맹세하노니 나는 악인이 죽는 것을 기뻐하지 아니하고 악인이 그의 길에서 돌이켜 떠나 사는 것을 기뻐하노라 이스라엘 족속아 돌이키고 돌이키라 너희 악한 길에서 떠나라 어찌 죽고자 하느냐 하셨다 하라" (에스겔 33:6~11).

에스겔과 같이, 우리는 하나님께서 예수님을 통해서 주신 구원의 메세지를 나누어야 할 책임이 있습니다.

기도: "예수님, 당신을 모르는 사람들에게 복음을 전하도록 믿음과 지혜와 용기를 주세요."

20일

하나님을 기쁘게 해드려라

"여호와께서 말라기를 통하여 이스라엘에게 말씀하신 경고라 여호와께서 이르시되 내가 너희를 사랑하였노라 하나 너희는 이르기를 주께서 어떻게 우리를 사랑하셨나이까 하는도다 나 여호와가 말하노라 에서는 야곱의 형이 아니냐 그러나 내가 야곱을 사랑하였고 에서는 미워하였으며 그의 산들을 황폐하게 하였고 그의 산업을 광야의 이리들에게 넘겼느니라...내 이름을 멸시하는 제사장들아 나 만군의 여호와가 너희에게 이르기를 아들은 그 아버지를, 종은 그 주인을 공경하나니 내가 아버지일진대 나를 공경함이 어디 있느냐 내가 주인일진대 나를 두려워함이 어디 있느냐 하나 너희는 이르기를 우리가 어떻게 주의 이름을 멸시하였나이까 하는도다 너희가 더러운 떡을 나의 제단에 드리고도 말하기를 우리가 어떻게 주를 더럽게 하였나이까 하는도다 이는 너희가 여호와의 식탁은 경멸히 여길 것이라 말하기 때문이라 만군의 여호와가 이르노라 너희가 눈 먼 희생제물을 바치는 것이 어찌 악하지 아니하며 저는 것, 병든 것을 드리는 것이 어찌 악하지 아니하냐 이제 그것을 너희 총독에게 드려 보라 그가 너를 기뻐하겠으며 너를 받아 주겠느냐" (말라기 1:1~8).

회당의 제사장들은 동물들을 제물로 바쳤으나 그것들은 사람들이 기르고 싶지 않은 동물들이었습니다. 하나님은 그것을 기뻐하지 않으셨습니다. 하나님을 사랑한다면, 우리가 가지고 있는 것 중에서 가장 좋은 것을 드리어, 그분을 사랑한다는 것을 보여 드려야 합니다.

기도: "주님, 당신이 기뻐하시는 것을 드릴 수 있는 사랑을 주세요."

2장
마태복음이 가르치는 하나님 사랑

21일

요셉의 하나님에 대한 사랑

성경은 요셉이 예수를 임신한 마리아와 결혼을 함으로써 주님께 어떻게 순종 했는지를 말해 줍니다. 순종은 하나님을 사랑하는 것입니다. "예수 그리스도의 나심은 이러하니라 그의 어머니 마리아가 요셉과 약혼하고 동거하기 전에 성령으로 잉태된 것이 나타났더니 그의 남편 요셉은 의로운 사람이라 그를 드러내지 아니하고 가만히 끊고자 하여 이 일을 생각할 때에 주의 사자가 현몽하여 이르되 다윗의 자손 요셉아 네 아내 마리아 데려오기를 무서워하지 말라 그에게 잉태된 자는 성령으로 된 것이라 아들을 낳으리니 이름을 예수라 하라 이는 그가 자기 백성을 그들의 죄에서 구원할 자이심이라 하니라 이 모든 일이 된 것은 주께서 선지자로 하신 말씀을 이루려 하심이니 이르시되 보라 처녀가 잉태하여 아들을 낳을 것이요 그의 이름은 임마누엘이라 하리라 하셨으니 이를 번역한즉 하나님이 우리와 함께 계시다 함이라 요셉이 잠에서 깨어 일어나 주의 사자의 분부대로 행하여 그의 아내를 데려왔으나 아들을 낳기까지 동침하지 아니하더니 낳으매 이름을 예수라 하니라" (마태복음 1:18~25).

하나님께서는 마리아의 순종을 아시기에 꿈을 통해 요셉에게 당신의 계획을 나타내셨습니다. 우리는 다른 어느 것보다도 하나님을 우선 순위에 두고 주님께 순종해야만 합니다. 하나님께 순종함으로써 그분의 사랑을 더 많이 느낄 수 있는 은총이 주어집니다.

기도: "주님, 제가 당신을 누구보다 더 사랑하고 항상 순종하도록 도와 주세요."

22일

예수님 따라가기

"이 때부터 예수께서 비로소 전파하여 이르시되 회개하라 천국이 가까이 왔느니라 하시더라 갈릴리 해변에 다니시다가 두 형제 곧 베드로라 하는 시몬과 그의 형제 안드레가 바다에 그물 던지는 것을 보시니 그들은 어부라 말씀하시되 나를 따라오라 내가 너희를 사람을 낚는 어부가 되게 하리라 하시니 그들이 곧 그물을 버려 두고 예수를 따르니라 거기서 더 가시다가 다른 두 형제 곧 세베대의 아들 야고보와 그의 형제 요한이 그의 아버지 세베대와 함께 배에서 그물 깁는 것을 보시고 부르시니 그들이 곧 배와 아버지를 버려 두고 예수를 따르니라" (마태복음 4:17~22).

예수님의 제자들은 예외적인 사람들이었습니다. 예수님께서 그들을 부르시자마자, 그들은 예수님을 따랐습니다. 왜 그랬을까요? 그들은 하나님을 사랑했기 때문입니다. 그들은 예수님이 하나님으로부터 오셨다는 것을 이해했습니다. 예수님의 제자들은 하나님을 어떻게 섬기는지를 배울 수 있었습니다.

하나님을 사랑하며 따르고 섬기십시오. 하나님께서는 그분을 섬기고 따르라고 당신을 어떻게 부르십니까? 하나님은 우리들에게 재능과 은사를 주셨습니다. 그분은 우리가 그것들을 그분의 영광을 위해 사용하기를 원하십니다. 당신의 시간, 에너지, 삶, 그리고 그외 모든 것은 주님께서 그분의 영광을 위하고 섬기는데 쓰라고 주신 선물입니다.

기도: "예수님, 당신을 전심으로 사랑하고 섬기게 인도해 주세요. 당신의 사랑을 더욱 더 이해하도록 도와 주세요."

23일

무한한 하나님의 축복들

"예수께서 무리를 보시고 산에 올라가 앉으시니 제자들이 나아온지라 입을 열어 가르쳐 이르시되 심령이 가난한 자는 복이 있나니 천국이 그들의 것임이요 애통하는 자는 복이 있나니 그들이 위로를 받을 것임이요 온유한 자는 복이 있나니 그들이 땅을 기업으로 받을 것임이요 의에 주리고 목마른 자는 복이 있나니 그들이 배부를 것임이요 긍휼히 여기는 자는 복이 있나니 그들이 긍휼히 여김을 받을 것임이요 마음이 청결한 자는 복이 있나니 그들이 하나님을 볼 것임이요 화평하게 하는 자는 복이 있나니 그들이 하나님의 아들이라 일컬음을 받을 것임이요 의를 위하여 박해를 받은 자는 복이 있나니 천국이 그들의 것임이라 나로 말미암아 너희를 욕하고 박해하고 거짓으로 너희를 거슬러 모든 악한 말을 할 때에는 너희에게 복이 있나니 기뻐하고 즐거워하라 하늘에서 너희의 상이 큼이라 너희 전에 있던 선지자들도 이같이 박해하였느니라" (마태복음 5:1~12).

예수님께서는 그의 제자들에게, 박해에도 불구하고 그분을 섬기는 사람들에게 베푸시는 영적인 축복에 대해 가르치셨습니다. 이 모든 축복은 하나님으로부터 오는 것입니다. 하나님은 우리를 사랑하시므로 우리의 상처가 치유되고, 마음의 평안을 찾으며 기쁘고, 열매맺는 삶을 살기를 원하십니다. 당신의 역경을 헤쳐나가는데 도움이 되는 어떤 부분에 하나님의 축복이 필요합니까? 사람들이 우리에게 주는 것은 한계가 있으나 하나님의 축복은 무한합니다.

기도: "주님, 제가 저 자신과 남을 사랑할 수 있도록 당신의 사랑으로 축복해 주세요. 제가 제 가족, 공동체와 이 세상에 축복의 근원이 되도록 도와 주세요."

24일

하나님을 위하여 선한 일을 하라

"너희는 세상의 소금이니 소금이 만일 그 맛을 잃으면 무엇으로 짜게 하리요 후에는 아무 쓸 데 없어 다만 밖에 버려져 사람에게 밟힐 뿐이니라 너희는 세상의 빛이라 산 위에 있는 동네가 숨겨지지 못할 것이요 사람이 등불을 켜서 말 아래에 두지 아니하고 등경 위에 두나니 이러므로 집 안 모든 사람에게 비치느니라 이같이 너희 빛이 사람 앞에 비치게 하여 그들로 너희 착한 행실을 보고 하늘에 계신 너희 아버지께 영광을 돌리게 하라" (마태복음 5:13~16).

우리들은 세상의 빛과 소금입니다. 우리가 해야 할 일은 다른 사람들이 하나님의 사랑을 이해하고 어떻게 그분을 사랑하는지를 보여주는 것입니다. 우리가 무엇을 하든지 하나님의 영광을 위해서 해야합니다. 우리가 하나님을 사랑하고 예수님의 이름으로 다른 사람에게 선한 일을 할 때, 하나님은 영광을 받으실 것입니다. 바울은 우리의 삶 속에서 어떻게 하나님께 영광을 올릴 수 있는 지와 마찬가지로, 어떻게 세상에서 소금과 빛이 될 수 있는지를 명확하게 우리에게 제시합니다.

"그리스도의 말씀이 너희 속에 풍성히 거하여 모든 지혜로 피차 가르치며 권면하고 시와 찬송과 신령한 노래를 부르며 감사하는 마음으로 하나님을 찬양하고 또 무엇을 하든지 말에나 일에나 다 주 예수의 이름으로 하고 그를 힘입어 하나님 아버지께 감사하라" (골로새서 3:16~17).

기도: "예수님, 제가 당신의 사랑을 이해하고 말씀을 묵상할 수 있도록 도와 주세요. 당신께 찬양과 경배를 드리며 감사하는 삶을 살므로써 세상의 빛과 소금이 되게 해주세요."

25일

하나님의 사랑의 마음

예수님의 메세지는 복음의 기쁜 소식과 함께 회개와 믿음에 관한 것입니다. 회개는 우리가 우리의 잘못을 깨닫고, 태도와 행동들을 바꾸기 시작할 때에 일어납니다. "또 네 이웃을 사랑하고 네 원수를 미워하라 하였다는 것을 너희가 들었으나 나는 너희에게 이르노니 너희 원수를 사랑하며 너희를 박해하는 자를 위하여 기도하라 이같이 한즉 하늘에 계신 너희 아버지의 아들이 되리니 이는 하나님이 그 해를 악인과 선인에게 비추시며 비를 의로운 자와 불의한 자에게 내려주심이라 너희가 너희를 사랑하는 자를 사랑하면 무슨 상이 있으리요 세리도 이같이 아니하느냐 또 너희가 너희 형제에게만 문안하면 남보다 더하는 것이 무엇이냐 이방인들도 이같이 아니하느냐 그러므로 하늘에 계신 너희 아버지의 온전하심과 같이 너희도 온전하라" (마태복음 5:43~48).

하나님은 의로우신 분이시며 높은 도덕적 가치와 기준을 갖고 계십니다. 이 높은 가치들은 우리들의 이해와 논리를 넘어선 것입니다. 하나님의 완전한 사랑은 우리가 회개하고 우리의 길을 바꾸도록 많은 기회를 주십니다. 그분이 우리에게 주시는 위대한 사랑은 무한합니다.

당신에게 잘못을 하는 사람들을 용서하고 그들이 당신을 통해서 하나님의 사랑을 이해하도록 도와 주십시요. 그렇게 할 때, 우리는 다른 사람들에게 하나님의 완전한 사랑을 실천하는 것입니다.

기도: "예수님, 저를 아프게 한 사람들까지도 당신의 사랑으로 대할 수 있도록 사랑을 부어주세요."

26일

하나님의 사랑과 자비

예수님은 죄인들에게 사랑을 주시고 용서해 주시기 위해서 이땅에 오셨습니다. 다른 사람들은 그분을 이해하지 못하고 비난했습니다.

"예수께서 배에 오르사 건너가 본 동네에 이르시니 침상에 누운 중풍병자를 사람들이 데리고 오거늘 예수께서 그들의 믿음을 보시고 중풍병자에게 이르시되 작은 자야 안심하라 네 죄 사함을 받았느니라 어떤 서기관들이 속으로 이르되 이 사람이 신성을 모독하도다 예수께서 그 생각을 아시고 이르시되 너희가 어찌하여 마음에 악한 생각을 하느냐 네 죄 사함을 받았느니라 하는 말과 일어나 걸어가라 하는 말 중에 어느 것이 쉽겠느냐 그러나 인자가 세상에서 죄를 사하는 권능이 있는 줄을 너희로 알게 하려 하노라 하시고 중풍병자에게 말씀하시되 일어나 네 침상을 가지고 집으로 가라 하시니 그가 일어나 집으로 돌아가거늘 무리가 보고 두려워하며 이런 권능을 사람에게 주신 하나님께 영광을 돌리니라" (마태복음 9:1~8).

예수님은 하나님의 아들이시므로 어떤 사람에게는 신체적으로 뿐만 아니라 영적으로도 치유가 필요하다는 것을 아십니다. 영적인 치유는 하나님의 용서를 체험할 때 가능합니다. 예수님은 우리들의 마음 깊은 곳을 아시고 용서가 필요하다는 것도 아십니다. 우리 모두는 하나님의 용서와 치유가 필요합니다.

기도: "예수님, 저의 죄를 용서하시고 깨끗하게 해주세요. 당신의 사랑과 용서에 감사를 드립니다."

27일

죄인들이 섬기도록 부르신다

예수님께서는 제자들을 부르셨을 때, 다른 사람들이 죄인이라고 여기는 사람들을 부르셨습니다.

"예수께서 그 곳을 떠나 지나가시다가 마태라 하는 사람이 세관에 앉아 있는 것을 보시고 이르시되 나를 따르라 하시니 일어나 따르니라 예수께서 마태의 집에서 앉아 음식을 잡수실 때에 많은 세리와 죄인들이 와서 예수와 그의 제자들과 함께 앉았더니 바리새인들이 보고 그의 제자들에게 이르되 어찌하여 너희 선생은 세리와 죄인들과 함께 잡수시느냐 예수께서 들으시고 이르시되 건강한 자에게는 의사가 쓸 데 없고 병든 자에게라야 쓸 데 있느니라 너희는 가서 내가 긍휼을 원하고 제사를 원하지 아니하노라 하신 뜻이 무엇인지 배우라 나는 의인을 부르러 온 것이 아니요 죄인을 부르러 왔노라 하시니라" (마태복음 9:9~13).

어떤 사람들은 남을 판단하고 자기들이 더 의인이라고 생각하는 경향이 있습니다. 바리새인들은 자기들은 의롭다고 생각하고 세리와 어떤 사람들은 죄인이라고 부르며 그들과 관련되려고 하지 않았습니다. 그러나 예수님은 죄인들을 부르러 오셨다고 말씀하셨습니다. 이 말씀은 예수님은 죄인들이 하나님의 사랑과 용서를 필요로 하다는 것을 아시고 치유를 경험하기를 원하신다는 것을 알려 줍니다. 우리들은 모두가 죄인입니다. 하나님의 사랑과 용서를 받을 자격이 없다고 느낄 때가 바로 그분이 당신께 다가 오시는 때입니다. 그것이 예수님께서 우리에게 하신 일입니다.

기도: "예수님, 저는 죄인입니다. 용서해 주세요."

28일

자신을 위해 나팔을 불지마라

예수님께서는 하나님보다 자기자신을 더 사랑하는 사람들과 남에게 인정 받기위해서 일을 하는 사람들에게 경고를 하십니다. "사람에게 보이려고 그들 앞에서 너희 의를 행하지 않도록 주의하라 그리하지 아니하면 하늘에 계신 너희 아버지께 상을 받지 못하느니라 그러므로 구제할 때에 외식하는 자가 사람에게서 영광을 받으려고 회당과 거리에서 하는 것 같이 너희 앞에 나팔을 불지 말라 진실로 너희에게 이르노니 그들은 자기 상을 이미 받았느니라 너는 구제할 때에 오른손이 하는 것을 왼손이 모르게 하여 네 구제함을 은밀하게 하라 은밀한 중에 보시는 너의 아버지께서 갚으시리라" (마태복음 6:1~4).

우리가 온 정성, 마음, 뜻과 힘을 다해 하나님을 사랑하기 원한다면 무엇을 하든지 사랑하는 주님을 위해서 해야 합니다. 하나님의 보상은 우리들 스스로가 인정을 받기위해 선전하지말고, 오로지 주님을 위해서 행했을 때 받게됩니다. 다시 말해서, 만일 우리가 남에게 인정을 받기 위해서 행했다면, 그것은 주님의 영광을 위해서 하는 일이 아니고 자신을 위해서 한 것입니다.

기도: "예수님, 제가 하나님을 사랑하는 마음으로 당신을 위해 일할 수 있게 해주세요. 제가 자랑과 교만에 빠지지 않도록 도와 주세요."

29일

값없이 주는 선물

예수님은 제자들에게 능력과 은사를 주시고, 그들에게 복음의 메세지를 전하기 위해 그것을 사용하라고 말씀하셨습니다.
"예수께서 그의 열두 제자를 부르사 더러운 귀신을 쫓아내며 모든 병과 모든 약한 것을 고치는 권능을 주시니라 열두 사도의 이름은 이러하니 베드로라 하는 시몬을 비롯하여 그의 형제 안드레와 세베대의 아들 야고보와 그의 형제 요한, 빌립과 바돌로매, 도마와 세리 마태, 알패오의 아들 야고보와 다대오, 가나인 시몬 및 가룟 유다 곧 예수를 판 자라 예수께서 이 열둘을 내보내시며 명하여 이르시되 이방인의 길로도 가지 말고 사마리아인의 고을에도 들어가지 말고 오히려 이스라엘 집의 잃어버린 양에게로 가라 가면서 전파하여 말하되 천국이 가까이 왔다 하고 병든 자를 고치며 죽은 자를 살리며 나병환자를 깨끗하게 하며 귀신을 쫓아내되 너희가 거저 받았으니 거저 주라" (마태복음 10:1~8).
예수님의 제자들이 받았던 것과 똑같은 은사를 우리 모든 사람이 다 받는 것은 아닙니다. 그러나 우리 모두는 하나님께 받은 것이 많습니다. 무엇을 받았던지 그 은사는 하나님의 나라를 확장하는데 쓰여져야만 합니다. 하나님은 우리를 사랑하시고 은사를 주십니다. 하나님께 받은 은사가 무엇인지 생각해 봅시다. 그리고 그것을 복음을 전하는데 사용할 수 있도록 주님의 지혜를 구하는 것이 필요합니다.
기도: "예수님, 저에게 주신 은사와 재능이 무엇인지를 알게 하시고 주신 모든 것을 주님의 나라를 위해서 쓸 수 있도록 지혜를 주세요."

30일

가족보다 하나님을 더 사랑하기

　예수님은 우리가 가족보다 하나님을 더 사랑할 때에, 갈등이 생길 수도 있다고 말씀하십니다. 우리는 선택을 해야합니다. 하나님을 사랑하기 위해서는 그무엇보다도 그분을 우선순위에 놓아야 합니다.

　"누구든지 사람 앞에서 나를 시인하면 나도 하늘에 계신 내 아버지 앞에서 그를 시인할 것이요 누구든지 사람 앞에서 나를 부인하면 나도 하늘에 계신 내 아버지 앞에서 그를 부인하리라 내가 세상에 화평을 주러 온 줄로 생각하지 말라 화평이 아니요 검을 주러 왔노라 내가 온 것은 사람이 그 아버지와, 딸이 어머니와, 며느리가 시어머니와 불화하게 하려 함이니 사람의 원수가 자기 집안 식구리라 아버지나 어머니를 나보다 더 사랑하는 자는 내게 합당하지 아니하고 아들이나 딸을 나보다 더 사랑하는 자도 내게 합당하지 아니하며 또 자기 십자가를 지고 나를 따르지 않는 자도 내게 합당하지 아니하니라 자기 목숨을 얻는 자는 잃을 것이요 나를 위하여 자기 목숨을 잃는 자는 얻으리라 너희를 영접하는 자는 나를 영접하는 것이요 나를 영접하는 자는 나를 보내신 이를 영접하는 것이니라 선지자의 이름으로 선지자를 영접하는 자는 선지자의 상을 받을 것이요 의인의 이름으로 의인을 영접하는 자는 의인의 상을 받을 것이요 또 누구든지 제자의 이름으로 이 작은 자 중 하나에게 냉수 한 그릇이라도 주는 자는 내가 진실로 너희에게 이르노니 그 사람이 결단코 상을 잃지 아니하리라 하시니라" (마태복음 10:32~42).

　기도: "예수님, 나의 가족이나 어떤 사람들보다도 당신을 더욱 더 사랑하기를 원합니다."

31일

하나님을 비웃지 마라

하나님은 우리들을 사랑하시기에, 우리가 그분을 비웃거나 무시하면 기뻐하지 않으십니다. "이 세대를 무엇으로 비유할까 비유하건대 아이들이 장터에 앉아 제 동무를 불러 이르되 우리가 너희를 향하여 피리를 불어도 너희가 춤추지 않고 우리가 슬피 울어도 너희가 가슴을 치지 아니하였다 함과 같도다 요한이 와서 먹지도 않고 마시지도 아니하매 그들이 말하기를 귀신이 들렸다 하더니 인자는 와서 먹고 마시매 말하기를 보라 먹기를 탐하고 포도주를 즐기는 사람이요 세리와 죄인의 친구로다 하니 지혜는 그 행한 일로 인하여 옳다 함을 얻느니라 예수께서 권능을 가장 많이 행하신 고을들이 회개하지 아니하므로 그 때에 책망하시되 화 있을진저 고라신아 화 있을진저 벳새다야 너희에게 행한 모든 권능을 두로와 시돈에서 행하였더라면 그들이 벌써 베옷을 입고 재에 앉아 회개하였으리라 내가 너희에게 이르노니 심판 날에 두로와 시돈이 너희보다 견디기 쉬우리라 가버나움아 네가 하늘에까지 높아지겠느냐 음부에까지 낮아지리라 네게 행한 모든 권능을 소돔에서 행하였더라면 그 성이 오늘까지 있었으리라 내가 너희에게 이르노니 심판 날에 소돔 땅이 너보다 견디기 쉬우리라 하시니라" (마태복음 11:16~24).

사랑이신 하나님과 평화롭게 지내려면, 우리들은 회개하고 죄에서 벗어난 삶을 살아야합니다.

기도: "예수님, 제가 당신의 위대한 사랑을 이해하게 해 주시고 감사하는 마음을 주세요. 당신을 기쁘게 할 수 있도록 사랑하는 마음을 주세요."

32일

어린아이와 같이 되라

예수님은 사람들이 어린아이들 같이 순수한 마음으로 그분을 믿으면 기뻐하십니다. 예수님은 하나님께서 어린아이들과 같이 마음이 열려있는 사람들에게 나타나신다고 말씀하십니다. 예수님께서는 상처를 치유해 주시며 마음의 평온도 주십니다. 그 평온을 가지지 못한 사람들에게 오시어 평온을 찾도록 초대하십니다.

"그 때에 예수께서 대답하여 이르시되 천지의 주재이신 아버지여 이것을 지혜롭고 슬기 있는 자들에게는 숨기시고 어린 아이들에게는 나타내심을 감사하나이다 옳소이다 이렇게 된 것이 아버지의 뜻이니이다 내 아버지께서 모든 것을 내게 주셨으니 아버지 외에는 아들을 아는 자가 없고 아들과 또 아들의 소원대로 계시를 받는 자 외에는 아버지를 아는 자가 없느니라 수고하고 무거운 짐 진 자들아 다 내게로 오라 내가 너희를 쉬게 하리라 나는 마음이 온유하고 겸손하니 나의 멍에를 메고 내게 배우라 그리하면 너희 마음이 쉼을 얻으리니 이는 내 멍에는 쉽고 내 짐은 가벼움이라 하시니라" (마태복음 11:25~30).

마음에 평화를 원하십니까? 기도로서 주님과 대화하면서 그분을 사랑한다고 말해보세요. 그분의 평화가 당신의 마음에 필요하다고 말하세요. 주님께서만이 우리에게 온전한 평온함을 주실 수 있습니다.

기도: "예수님, 저의 마음의 문을 엽니다. 당신을 무엇보다도 더 사랑하는 마음을 주시고, 믿음의 은사를 부어주시며 마음의 평화를 경험하도록 해주세요."

33일

예수님의 긍휼

"예수께서 나오사 큰 무리를 보시고 불쌍히 여기사 그 중에 있는 병자를 고쳐 주시니라 저녁이 되매 제자들이 나아와 이르되 이 곳은 빈 들이요 때도 이미 저물었으니 무리를 보내어 마을에 들어가 먹을 것을 사 먹게 하소서 예수께서 이르시되 갈 것 없다 너희가 먹을 것을 주라 제자들이 이르되 여기 우리에게 있는 것은 떡 다섯 개와 물고기 두 마리뿐이니이다 이르시되 그것을 내게 가져오라 하시고 무리를 명하여 잔디 위에 앉히시고 떡 다섯 개와 물고기 두 마리를 가지사 하늘을 우러러 축사하시고 떡을 떼어 제자들에게 주시매 제자들이 무리에게 주니 다 배불리 먹고 남은 조각을 열두 바구니에 차게 거두었으며" (마태복음 14:14~20).

   예수님은 그분의 말씀을 듣기 위해 왔으나 먹을 것이 충분하지 못했을 때 동정심을 보이셨습니다. 그분은 기적을 통해 그들에게 음식을 마련해 주셨습니다. 우리들은 어려운 사람들을 돕기 위해 노력할 필요가 있습니다. 그것은 우리가 하나님을 사랑하는 마음을 다른 사람들에게 나누는 것입니다. 또 그들에게도 하나님께서 그들을 사랑하신다는 것을 알려주는 기회가 됩니다.

   기도: "예수님, 제가 어려운 사람들을 돕고 당신을 대하듯이 그들을 대접할 수 있도록 인도해 주세요. 당신을 사랑하는 마음으로 그들에게 사랑을 베풀 수 있게 나의 마음에 사랑을 부어주세요."

34일

예수님의 사랑의 손

"무리를 보내신 후에 기도하러 따로 산에 올라가시니라 저물매 거기 혼자 계시더니 배가 이미 육지에서 수 리나 떠나서 바람이 거스르므로 물결로 말미암아 고난을 당하더라 밤 사경에 예수께서 바다 위로 걸어서 제자들에게 오시니 제자들이 그가 바다 위로 걸어오심을 보고 놀라 유령이라 하며 무서워하여 소리 지르거늘 예수께서 즉시 이르시되 안심하라 나니 두려워하지 말라 베드로가 대답하여 이르되 주여 만일 주님이시거든 나를 명하사 물 위로 오라 하소서 하니 오라 하시니 베드로가 배에서 내려 물 위로 걸어서 예수께로 가되 바람을 보고 무서워 빠져 가는지라 소리 질러 이르되 주여 나를 구원하소서 하니 예수께서 즉시 손을 내밀어 그를 붙잡으시며 이르시되 믿음이 작은 자여 왜 의심하였느냐 하시고 배에 함께 오르매 바람이 그치는지라 배에 있는 사람들이 예수께 절하며 이르되 진실로 하나님의 아들이로소이다 하더라" (마태복음 14:23~33).

베드로는 예수님의 말씀을 믿고 물위를 걸었습니다. 그런데 풍랑이 일자 예수님에 대한 신뢰가 깨지고 물에 빠진 베드로가 도와 달라고 울부짖었을 때, 예수님은 즉시 그를 건지기 위해 손을 내미셨습니다. 예수님은 우리를 사랑하셔서 우리를 언제나 도와 주십니다. 삶에 어려움을 겪고 있습니까? 우리가 해야 할 일은 믿음으로 예수님께 부르짖는 것입니다.

기도: "예수님, 당신과 당신의 사랑과 능력을 알도록 마음의 문을 열어주세요. 삶의 어려움을 이겨나갈 믿음과 지혜를 허락해 주세요."

35일

순수한 마음을 가져라

"그 때에 제자들이 예수께 나아와 이르되 천국에서는 누가 크니이까 예수께서 한 어린 아이를 불러 그들 가운데 세우시고 이르시되 진실로 너희에게 이르노니 너희가 돌이켜 어린 아이들과 같이 되지 아니하면 결단코 천국에 들어가지 못하리라 그러므로 누구든지 이 어린 아이와 같이 자기를 낮추는 사람이 천국에서 큰 자니라 또 누구든지 내 이름으로 이런 어린 아이 하나를 영접하면 곧 나를 영접함이니 누구든지 나를 믿는 이 작은 자 중 하나를 실족하게 하면 차라리 연자 맷돌이 그 목에 달려서 깊은 바다에 빠뜨려지는 것이 나으니라 실족하게 하는 일들이 있음으로 말미암아 세상에 화가 있도다 실족하게 하는 일이 없을 수는 없으나 실족하게 하는 그 사람에게는 화가 있도다" (마태복음 18:1~7).

    예수님의 제자들의 관심은 어떻게 하나님께 인정을 받을지에 있었지만, 예수님은 오히려 화제를 돌려서, 그들이 아이들과 같이 순수하고 남들을 죄에 빠지지 않도록 해야한다고 가르치셨습니다.

    예수님은 천국에서 누가 가장 위대한 자인지를 말해 주십니다. 그들은 변화되어서 어린아이와 같이 순수한 사람들입니다. 어린 아이들은 하나님을 신뢰합니다. 하나님을 사랑하려면, 우리는 아이와 같이 순수한 마음을 가져야만 합니다. 우리들은 우리가 하는 모든 일에 있어서 하나님의 사랑과 보살핌을 신뢰할 필요가 있습니다.

    기도: "예수님, 아이들과 같이 순수한 마음으로 당신을 신뢰하기 원합니다. 제가 남들을 죄에 빠지게 하지 않도록 지혜와 겸손을 주세요."

36일

잃어버린 양을 찾으신다

하나님은 잃어버린 영혼들을 돌보시고 구원하기 원하십니다.

"너희 생각에는 어떠하냐 만일 어떤 사람이 양 백 마리가 있는데 그 중의 하나가 길을 잃었으면 그 아흔아홉 마리를 산에 두고 가서 길 잃은 양을 찾지 않겠느냐 진실로 너희에게 이르노니 만일 찾으면 길을 잃지 아니한 아흔아홉 마리보다 이것을 더 기뻐하리라 이와 같이 이 작은 자 중의 하나라도 잃는 것은 하늘에 계신 너희 아버지의 뜻이 아니니라" (마태복음 18:12~14).

"너희 중에 어떤 사람이 양 백 마리가 있는데 그 중의 하나를 잃으면 아흔아홉 마리를 들에 두고 그 잃은 것을 찾아내기까지 찾아다니지 아니하겠느냐 또 찾아낸즉 즐거워 어깨에 메고 집에 와서 그 벗과 이웃을 불러 모으고 말하되 나와 함께 즐기자 나의 잃은 양을 찾아내었노라 하리라 내가 너희에게 이르노니 이와 같이 죄인 한 사람이 회개하면 하늘에서는 회개할 것 없는 의인 아흔아홉으로 말미암아 기뻐하는 것보다 더하리라" (누가복음 15:4~7).

당신은 어떤 때 길을 잃은 것 같은 기분이 듭니까? 아무도 당신을 보살피지 않는 것 같은 느낌이 듭니까? 삶의 방향이 없다고 느껴집니까? 성경책을 펴고 하나님께 기도하십시오. 하나님께서는 당신이 필요로 하는 답을 가지고 계시며 당신을 사랑하시고 보살피시며 어떻게 그분을 섬겨야 하는지 방향을 잡아 주실 것입니다.

기도: "예수님, 제 마음 안으로 들어 오세요. 저의 모든 죄를 용서해 주세요. 성경을 깨우쳐 당신의 사랑에 대해서 배우고 순종할 수 있도록 가르쳐 주세요."

37일

용서하고 또 용서하라

"너희가 사람의 잘못을 용서하면 너희 하늘 아버지께서도 너희 잘못을 용서하시려니와 너희가 사람의 잘못을 용서하지 아니하면 너희 아버지께서도 너희 잘못을 용서하지 아니하시리라" (마태복음 6:14~15). 하나님은 우리가 모든 사람을 용서하시기를 원하십니다. 하나님은 우리를 사랑하셔서 우리가 우리자신을 용서하기를 원하십니다. 그분은 또 우리가 사랑을 실천하므로써 다른 사람들을 용서하기를 바라십니다.

"그 때에 베드로가 나아와 이르되 주여 형제가 내게 죄를 범하면 몇 번이나 용서하여 주리이까 일곱 번까지 하오리이까 예수께서 이르시되 네게 이르노니 일곱 번뿐 아니라 일곱 번을 일흔 번까지라도 할지니라" (마태복음 18: 21~22).

우리들은 분명 일흔 일곱번보다 더 많은 죄에 빠지나, 하나님께서는 우리가 청하면 용서해 주십니다. 하나님께서 우리를 어떻게 용서하시는지 생각해 보십시오.

"여호와는 긍휼이 많으시고 은혜로우시며 노하기를 더디 하시고 인자하심이 풍부하시도다 자주 경책하지 아니하시며 노를 영원히 품지 아니하시리로다 우리의 죄를 따라 우리를 처벌하지는 아니하시며 우리의 죄악을 따라 우리에게 그대로 갚지는 아니하셨으니 이는 하늘이 땅에서 높음 같이 그를 경외하는 자에게 그의 인자하심이 크심이로다 동이 서에서 먼 것 같이 우리의 죄과를 우리에게서 멀리 옮기셨으며 아버지가 자식을 긍휼히 여김 같이 여호와께서는 자기를 경외하는 자를 긍휼히 여기시나니" (시편 103:8~13).

기도: "예수님, 저에게 잘못한 모든 사람들을 용서합니다. 제가 다른 사람에게 상처주지 않도록 인도해 주시고, 가정에서나 세상에서 평화와 정의를 지킬 수 있도록 해주세요."

38일

하나님의 용서

"그러므로 천국은 그 종들과 결산하려 하던 어떤 임금과 같으니 결산할 때에 만 달란트 빚진 자 하나를 데려오매 갚을 것이 없는지라 주인이 명하여 그 몸과 아내와 자식들과 모든 소유를 다 팔아 갚게 하라 하니 그 종이 엎드려 절하며 이르되 내게 참으소서 다 갚으리이다 하거늘 그 종의 주인이 불쌍히 여겨 놓아 보내며 그 빚을 탕감하여 주었더니 그 종이 나가서 자기에게 백 데나리온 빚진 동료 한 사람을 만나 붙들어 목을 잡고 이르되 빚을 갚으라 하매 그 동료가 엎드려 간구하여 이르되 나에게 참아 주소서 갚으리이다 하되 허락하지 아니하고 이에 가서 그가 빚을 갚도록 옥에 가두거늘 그 동료들이 그것을 보고 몹시 딱하게 여겨 주인에게 가서 그 일을 다 알리니 이에 주인이 그를 불러다가 말하되 악한 종아 네가 빌기에 내가 네 빚을 전부 탕감하여 주었거늘 내가 너를 불쌍히 여김과 같이 너도 네 동료를 불쌍히 여김이 마땅하지 아니하냐 하고 주인이 노하여 그 빚을 다 갚도록 그를 옥졸들에게 넘기니라 너희가 각각 마음으로부터 형제를 용서하지 아니하면 나의 하늘 아버지께서도 너희에게 이와 같이 하시리라" (마태복음 18:23~35).

하나님께 죄를 용서받으려면 우리는 먼저 다른 사람에게 분노하고 화난 감정을 회개하고 모든 사람들을 용서해야합니다. 하나님은 우리의 죄를 먼저 회개하고 다른 사람들을 사랑으로 용서하는 것이 하나님께 용서를 받는데 절대로 우선적임을 가르쳐 주십니다.

기도: "예수님, 당신이 저를 용서해 주신 것과 같이 저도 모든 사람들을 용서합니다. 제가 분노와 화로 인해서 죄를 짓지 않게 지혜를 주세요."

39일

어린아이들을 사랑하신다

"그 때에 사람들이 예수께서 안수하고 기도해 주심을 바라고 어린 아이들을 데리고 오매 제자들이 꾸짖거늘 예수께서 이르시되 어린 아이들을 용납하고 내게 오는 것을 금하지 말라 천국이 이런 사람의 것이니라 하시고 그들에게 안수하시고 거기를 떠나시니라" (마태복음 19:13~15).

바리새인들과 율법 선생들은 예수님께서 그들이 죄인들이라고 부르는 사람들과 어울린다고 비난했습니다. 그들은 예수님이 죄인들과 시간을 같이 보낼 필요가 없다고 생각했습니다. 예수님의 제자들도 아이들에 관해 문제를 삼았습니다. 예수님의 제자들도 예수님이 어린 아이들을 위한 존재가 아닌 어른들만을 위한 존재라고 생각했습니다.

하나님은 모든 사람을 사랑하십니다. 그분은 어느 누구에 대해서도 편견이 없으십니다. 하나님은 인간의 표준으로 사람을 판단하지 않으십니다. 우리도 모든 사람들을 사랑하고 편견을 버려야 할 필요가 있습니다. 만일에 당신이 업신여기는 그룹이 있다고 생각하면, 예수님의 시각을 가져야 할 때입니다. 편견과 업신여김은 우리의 죄성에서 옵니다.

"삼가 이 작은 자 중의 하나도 업신여기지 말라 너희에게 말하노니 그들의 천사들이 하늘에서 하늘에 계신 내 아버지의 얼굴을 항상 뵈옵느니라" (마태복음 18:10).

기도: "예수님, 제가 모든 사람을 당신의 사랑으로 사랑할 수 있도록 인도해 주세요."

40일

돈을 사랑하지 마라

"어떤 사람이 주께 와서 이르되 선생님이여 내가 무슨 선한 일을 하여야 영생을 얻으리이까 예수께서 이르시되 어찌하여 선한 일을 내게 묻느냐 선한 이는 오직 한 분이시니라 네가 생명에 들어 가려면 계명들을 지키라 이르되 어느 계명이오니이까 예수께서 이르시되 살인하지 말라, 간음하지 말라, 도둑질하지 말라, 거짓 증언 하지 말라, 네 부모를 공경하라, 네 이웃을 네 자신과 같이 사랑하라 하신 것이니라 그 청년이 이르되 이 모든 것을 내가 지키었사온대 아직도 무엇이 부족하니이까 예수께서 이르시되 네가 온전하고자 할진대 가서 네 소유를 팔아 가난한 자들에게 주라 그리하면 하늘에서 보화가 네게 있으리라 그리고 와서 나를 따르라 하시니 그 청년이 재물이 많으므로 이 말씀을 듣고 근심하며 가니라 예수께서 제자들에게 이르시되 내가 진실로 너희에게 이르노니 부자는 천국에 들어가기가 어려우니라 다시 너희에게 말하노니 낙타가 바늘귀로 들어가는 것이 부자가 하나님의 나라에 들어가는 것보다 쉬우니라 하시니 제자들이 듣고 몹시 놀라 이르되 그렇다면 누가 구원을 얻을 수 있으리이까 예수께서 그들을 보시며 이르시되 사람으로는 할 수 없으나 하나님으로서는 다 하실 수 있느니라 이에 베드로가 대답하여 이르되 보소서 우리가 모든 것을 버리고 주를 따랐사온대 그런즉 우리가 무엇을 얻으리이까 예수께서 이르시되 내가 진실로 너희에게 이르노니 세상이 새롭게 되어 인자가 자기 영광의 보좌에 앉을 때에 나를 따르는 너희도 열두 보좌에 앉아 이스라엘 열두 지파를 심판하리라" (마태복음 19:16~28).

기도: "예수님, 제가 세상의 물질이나 욕망이 아니고, 당신을 사랑하도록 은혜 베풀어 주세요."

41일

예수님과 맹인들

예수님은 아픈사람들을 치유할 능력이 있으십니다. 그분 앞에 와서 치유받기를 원하는 사람들은 치유가 되었습니다. 우리들은 아픈 사람들에게 사랑과 동정을 가지시는 예수님을 볼 수 있습니다. "그들이 여리고에서 떠나 갈 때에 큰 무리가 예수를 따르더라 맹인 두 사람이 길 가에 앉았다가 예수께서 지나가신다 함을 듣고 소리 질러 이르되 주여 우리를 불쌍히 여기소서 다윗의 자손이여 하니 무리가 꾸짖어 잠잠하라 하되 더욱 소리 질러 이르되 주여 우리를 불쌍히 여기소서 다윗의 자손이여 하는지라 예수께서 머물러 서서 그들을 불러 이르시되 너희에게 무엇을 하여 주기를 원하느냐 이르되 주여 우리의 눈 뜨기를 원하나이다 예수께서 불쌍히 여기사 그들의 눈을 만지시니 곧 보게 되어 그들이 예수를 따르니라" (마태복음 20:29~34).

사람들은 맹인들의 갈급함을 이해하지 못하기에 그들을 꾸짖었습니다. 그들 자신들은 예수님을 보기 원하면서 맹인들이 예수님을 보고 싶어하는 것에는 조금도 관심을 두지 않았기 때문입니다.

예수님은 맹인들의 울부짖음을 들으시고, "내가 너희들을 위해 무엇을 해 주기를 원하느냐?"고 물으셨습니다. 맹인들은 보기를 원했고, 예수님께서는 그들을 만지시고 낫게 하셨습니다. 예수님의 긍휼의 손길은 우리가 어려움을 겪을 때 도움을 주십니다. 우리는 이 사람들처럼 청하면서 하나님께 외치는 것이 필요합니다. 그분은 응답해 주십니다.

기도: "주님, 당신의 도움을 청하는 모든 아픈 사람들에게 당신의 사랑과 자비로써 고쳐주세요."

42일

순종과 사랑

"그러나 너희 생각에는 어떠하냐 어떤 사람에게 두 아들이 있는데 맏아들에게 가서 이르되 얘 오늘 포도원에 가서 일하라 하니 대답하여 이르되 아버지 가겠나이다 하더니 가지 아니하고 둘째 아들에게 가서 또 그와 같이 말하니 대답하여 이르되 싫소이다 하였다가 그 후에 뉘우치고 갔으니 그 둘 중의 누가 아버지의 뜻대로 하였느냐 이르되 둘째 아들이니이다 예수께서 그들에게 이르시되 내가 진실로 너희에게 이르노니 세리들과 창녀들이 너희보다 먼저 하나님의 나라에 들어가리라" (마태복음 21:28~31).

우리가 하나님을 사랑하면 순종합니다. 그러나 순종하겠다고 말로만 하는 것은 하나님을 기쁘게 해 드리지 못합니다. 우리의 순종은 행동을 통해서 보여져야 합니다. 예수님은 사람들이 세리들과 창녀들을 업신여기는 것을 아셨습니다. 그러나 예수님께서는 그들 스스로가 의인이라고 생각하는 사람들보다 앞서 있다고 말씀하셨습니다. 예수님은 우리들의 마음을 보십니다. 우리의 주님에 대한 사랑을 보시며 우리의 마음을 이해하십니다. 우리가 거듭 실수를 하더라도, 만일 우리가 변화되어 주님께 순종하려고 노력한다면, 우리는 그분을 기쁘게 해드리는 것입니다. 또한 우리가 다른 사람들보다 의인이라고 생각하는 것은 경계해야 할 필요가 있습니다. 하나님에게 있어서 우리 모두는 죄인입니다.

기도: "예수님, 당신께서 아시는 제 자신을 볼 수 있게 해 주시고, 당신이 모든 사람들을 사랑하는 것처럼 저도 사랑할 수 있게 도와 주세요."

43일

사랑스런 초대

예수님께서는 우리들을 천국잔치에 초대하십니다. "예수께서 다시 비유로 대답하여 이르시되 천국은 마치 자기 아들을 위하여 혼인 잔치를 베푼 어떤 임금과 같으니 그 종들을 보내어 그 청한 사람들을 혼인 잔치에 오라 하였더니 오기를 싫어하거늘 다시 다른 종들을 보내며 이르되 청한 사람들에게 이르기를 내가 오찬을 준비하되 나의 소와 살진 짐승을 잡고 모든 것을 갖추었으니 혼인 잔치에 오소서 하라 하였더니 그들이 돌아 보지도 않고 한 사람은 자기 밭으로, 한 사람은 자기 사업하러 가고 그 남은 자들은 종들을 잡아 모욕하고 죽이니 임금이 노하여 군대를 보내어 그 살인한 자들을 진멸하고 그 동네를 불사르고 이에 종들에게 이르되 혼인 잔치는 준비되었으나 청한 사람들은 합당하지 아니하니 네거리 길에 가서 사람을 만나는 대로 혼인 잔치에 청하여 오라 한대 종들이 길에 나가 악한 자나 선한 자나 만나는 대로 모두 데려오니 혼인 잔치에 손님들이 가득한지라" (마태복음 22:1~10).

하나님은 사람들을 사랑하시므로 기쁨을 함께 나누시려고 천국잔치에 초대하시지만, 많은 이들이 이 초대를 받아들이지 않습니다. 오히려 그들은 초대한 사람들에게 상처를 줍니다. 그분의 초대를 받아들이고 천국잔치에 참석을 하는 것은 우리들의 선택에 달려 있습니다. 주님의 초청을 받아들이는 것은 우리가 그분을 구주로 모시고 사랑하는 분으로서 섬기는 것입니다. 그럴때 주님의 사랑을 더 알게 됩니다.

기도: "예수님, 당신이 영광을 받으실 천국잔치에 가기를 원합니다. 당신을 사랑합니다."

44일

하나님과 남들을 사랑하기

"그 중의 한 율법사가 예수를 시험하여 묻되 선생님 율법 중에서 어느 계명이 크니이까 예수께서 이르시되 네 마음을 다하고 목숨을 다하고 뜻을 다하여 주 너의 하나님을 사랑하라 하셨으니 이것이 크고 첫째 되는 계명이요 둘째도 그와 같으니 네 이웃을 네 자신 같이 사랑하라 하셨으니 이 두 계명이 온 율법과 선지자의 강령이니라" (마태복음 22:35~40).

　당신의 삶에서 무엇이 가장 중요합니까? 만약 그것이 하나님을 사랑하는 것이 최우선이 아니라면, 예수님의 가장 중요한 교훈을 놓치고 있는 것입니다. 왜 우리는 하나님을 최우선이 사랑해야 합니까? 그에 대한 해답은 성경말씀에서 옵니다. 그분은 우리를 창조하셨고, 사랑하시고, 우리가 그분과 가까운 사랑의 관계가 되기를 원하십니다. 우리가 하나님을 모른다면 어떻게 그분을 사랑할 수 있겠습니까? 그분을 사랑할 수 없습니다, 그러므로 그분의 사랑을 알고 그분이 누구이신지 아는 것은 매우 중요합니다. 예수님은 우리를 사랑하시고 돌보시는 아버지 하나님에 대해 우리에게 가르치십니다. 예수님은 또 하나님에 대해서와 그분이 누구이신지를 율법사들에게 가르침으로써 그들 또한 얼마나 사랑하시는지 우리에게 보여 주십니다. 예수님은 다른 사람들을 업신여기면서 자기들이 의인이라고 생각하는 사람들도 치유해 주시고 도전하십니다. 우리는 어느 누구보다 또 어느 것 보다 더 하나님을 사랑하도록 부름 받았고 우리 자신을 사랑하는 것 같이 이웃을 사랑하도록 부름 받았습니다. 우리가 이 두 계명을 따른다면 하나님과 가까운 사랑의 관계를 가질 것입니다.

　기도: "예수님, 제게 당신의 깊은 사랑을 가르쳐 주시고, 당신과 다른 사람들을 사랑하는 마음을 주세요."

45일

하나님께 마음을 집중을 하라

하나님을 사랑하려면 우리는 사랑이신 하나님께 집중하고 다른 사람으로부터의 사랑과 인정을 얻기위한 욕망을 버려야만 합니다.

"이에 예수께서 무리와 제자들에게 말씀하여 이르시되 서기관들과 바리새인들이 모세의 자리에 앉았으니 그러므로 무엇이든지 그들이 말하는 바는 행하고 지키되 그들이 하는 행위는 본받지 말라 그들은 말만 하고 행하지 아니하며 또 무거운 짐을 묶어 사람의 어깨에 지우되 자기는 이것을 한 손가락으로도 움직이려 하지 아니하며 그들의 모든 행위를 사람에게 보이고자 하나니 곧 그 경문 띠를 넓게 하며 옷술을 길게 하고 잔치의 윗자리와 회당의 높은 자리와 시장에서 문안 받는 것과 사람에게 랍비라 칭함을 받는 것을 좋아하느니라 그러나 너희는 랍비라 칭함을 받지 말라 너희 선생은 하나요 너희는 다 형제니라 땅에 있는 자를 아버지라 하지 말라 너희의 아버지는 한 분이시니 곧 하늘에 계신 이시니라 또한 지도자라 칭함을 받지 말라 너희의 지도자는 한 분이시니 곧 그리스도시니라 너희 중에 큰 자는 너희를 섬기는 자가 되어야 하리라 누구든지 자기를 높이는 자는 낮아지고 누구든지 자기를 낮추는 자는 높아지리라" (마태복음 23:1~12).

모든 것은 하나님을 위한 것이라는 것을 잊어버린다면, 아무리 남을 위해서 한다고 해도 그것은 우리 자신을 위해서 하는 것입니다. 사랑으로 남을 섬기며 하나님의 일을 하는 것은 그분을 기쁘게 해드리는 것입니다.

기도: "예수님, 제가 남에게 인정을 받으려는 것에서 벗어나게 인도해 주세요. 제가 남들을 위해서 하는 모든 일들이 하나님께 영광 올리는 것이 되게 해주세요."

46일

재능으로 섬기기

하나님을 사랑한다는 것은 그분의 영광을 위해 우리의 재능을 사용하는 것이고, 그분의 왕국을 건설하기 위해 충실하게 일하는 것입니다.

"또 어떤 사람이 타국에 갈 때 그 종들을 불러 자기 소유를 맡김과 같으니 각각 그 재능대로 한 사람에게는 금 다섯 달란트를, 한 사람에게는 두 달란트를, 한 사람에게는 한 달란트를 주고 떠났더니 다섯 달란트 받은 자는 바로 가서 그것으로 장사하여 또 다섯 달란트를 남기고 두 달란트 받은 자도 그같이 하여 또 두 달란트를 남겼으되 한 달란트 받은 자는 가서 땅을 파고 그 주인의 돈을 감추어 두었더니 오랜 후에 그 종들의 주인이 돌아와 그들과 결산할새 다섯 달란트 받았던 자는 다섯 달란트를 더 가지고 와서 이르되 주인이여 내게 다섯 달란트를 주셨는데 보소서 내가 또 다섯 달란트를 남겼나이다 그 주인이 이르되 잘하였도다 착하고 충성된 종아 네가 적은 일에 충성하였으매 내가 많은 것을 네게 맡기리니 네 주인의 즐거움에 참여할지어다 하고 두 달란트 받았던 자도 와서 이르되 주인이여 내게 두 달란트를 주셨는데 보소서 내가 또 두 달란트를 남겼나이다 그 주인이 이르되 잘하였도다 착하고 충성된 종아 네가 적은 일에 충성하였으매 내가 많은 것을 네게 맡기리니 네 주인의 즐거움에 참여할지어다 하고" (마태복음 25:14~23).

우리 모두는 제각기 다른 재능을 가지고 있습니다. 하나님을 사랑하는 것은 그분의 왕국을 위해서 우리의 재능을 사용하는 것이고 그분을 기쁘게 해드리는 것입니다.

기도: "예수님, 저의 재능을 당신을 위해서 쓰고 저의 섬김으로 하나님 사랑을 남들과 나눌 수 있기를 원합니다."

47일

게으르지 마라

하나님을 사랑하는 것은 모든 일에서 그분을 기쁘게 해드리기 위해 집중을 하는 것입니다.

"한 달란트 받았던 자는 와서 이르되 주인이여 당신은 굳은 사람이라 심지 않은 데서 거두고 헤치지 않은 데서 모으는 줄을 내가 알았으므로 두려워하여 나가서 당신의 달란트를 땅에 감추어 두었었나이다 보소서 당신의 것을 가지셨나이다 그 주인이 대답하여 이르되 악하고 게으른 종아 나는 심지 않은 데서 거두고 헤치지 않은 데서 모으는 줄로 네가 알았느냐 그러면 네가 마땅히 내 돈을 취리하는 자들에게나 맡겼다가 내가 돌아와서 내 원금과 이자를 받게 하였을 것이니라 하고 그에게서 그 한 달란트를 빼앗아 열 달란트 가진 자에게 주라 무릇 있는 자는 받아 풍족하게 되고 없는 자는 그 있는 것까지 빼앗기리라 이 무익한 종을 바깥 어두운 데로 내쫓으라 거기서 슬피 울며 이를 갈리라 하니라" (마태복음 25:24~30).

하나님께서는 우리 각자에게 재능을 주셨는데 우리가 그분을 위해 그것들을 사용하지 않는다는 것은 재능을 감추는 것입니다. 우리들의 재능을 사용하지 않고 우리의 책임을 무시하는 것은 슬픈 결과를 초래합니다. 우리는 눈물과 어려움의 결과를 치루어야 할 수도 있고, 아니면 주님께서 "가치없는 종"이라고 부르실 수도 있고, 그분의 임재 밖으로 내 던져질 수도 있습니다. 하나님을 사랑한다는 것은 우리가 그분을 위해서 가지고 있는 것으로 섬기고 그분의 가장 큰 관심을 위해서 일하는 것입니다.

기도: "예수님, 만약 제가 주님께서 주신 재능을 사용하지 않고 있다면 사용하게 도와 주세요."

48일

어려운 사람들을 돌보기

하나님을 사랑하는 것은 그분을 행복하게 하는 것입니다. 예수님은 고통을 당하고 아픈 사람들에게 관심을 두고 돌보기를 원하십니다. 그러므로 우리가 그런 사람들을 돌볼 때, 예수님은 아주 기뻐하십니다.

"인자가 자기 영광으로 모든 천사와 함께 올 때에 자기 영광의 보좌에 앉으리니 모든 민족을 그 앞에 모으고 각각 구분하기를 목자가 양과 염소를 구분하는 것 같이 하여 양은 그 오른편에 염소는 왼편에 두리라 그 때에 임금이 그 오른편에 있는 자들에게 이르시되 내 아버지께 복 받을 자들이여 나아와 창세로부터 너희를 위하여 예비된 나라를 상속받으라 내가 주릴 때에 너희가 먹을 것을 주었고 목마를 때에 마시게 하였고 나그네 되었을 때에 영접하였고 헐벗었을 때에 옷을 입혔고 병들었을 때에 돌보았고 옥에 갇혔을 때에 와서 보았느니라 이에 의인들이 대답하여 이르되 주여 우리가 어느 때에 주께서 주리신 것을 보고 음식을 대접하였으며 목마르신 것을 보고 마시게 하였나이까 어느 때에 나그네 되신 것을 보고 영접하였으며 헐벗으신 것을 보고 옷 입혔나이까 어느 때에 병드신 것이나 옥에 갇히신 것을 보고 가서 뵈었나이까 하리니 임금이 대답하여 이르시되 내가 진실로 너희에게 이르노니 너희가 여기 내 형제 중에 지극히 작은 자 하나에게 한 것이 곧 내게 한 것이니라 하시고" (마태복음 25:31~40).

다른 사람들의 고통을 덜어 주는 것은 예수님을 위해서 하는 것입니다. 주님은 그런 사람들을 하나님 아버지께 복받을 자들이라고 말씀하십니다.

기도: "예수님, 제가 다른 사람들의 아픔과 고통과 고뇌를 이해하고 사랑의 손길로 그들을 섬기게 도와 주세요."

49일

이기적이 아닌 사랑

하나님을 사랑한다는 것은 그분이 원하시는 것을 열심히 하는 것입니다. 하나님께서는 약하고, 고통을 당하며, 과소평가 되고, 혜택을 못 받는 사람들을 돌보십니다. 이런 사람들은 늘 우리 주위에 있습니다. 우리의 관심과 보살핌이 절실하게 필요한 사람들이 많이 있습니다. 우리가 다른 사람들의 아픔을 간과한다면, 예수님은 기뻐하지 않으실 것입니다.

"또 왼편에 있는 자들에게 이르시되 저주를 받은 자들아 나를 떠나 마귀와 그 사자들을 위하여 예비된 영원한 불에 들어가라 내가 주릴 때에 너희가 먹을 것을 주지 아니하였고 목마를 때에 마시게 하지 아니하였고 나그네 되었을 때에 영접하지 아니하였고 헐벗었을 때에 옷 입히지 아니하였고 병들었을 때와 옥에 갇혔을 때에 돌보지 아니하였느니라 하시니 그들도 대답하여 이르되 주여 우리가 어느 때에 주께서 주리신 것이나 목마르신 것이나 나그네 되신 것이나 헐벗으신 것이나 병드신 것이나 옥에 갇히신 것을 보고 공양하지 아니하더이까 이에 임금이 대답하여 이르시되 내가 진실로 너희에게 이르노니 이 지극히 작은 자 하나에게 하지 아니한 것이 곧 내게 하지 아니한 것이니라 하시리니 그들은 영벌에, 의인들은 영생에 들어가리라 하시니라" (마태복음 25:41~46).

예수님은 의인의 삶에 대해서 가르쳐 주십니다. 의인들은 고통을 당하는 사람들을 돕습니다. 그렇지 않은 사람들은 남들에게 고통을 주고, 남들의 고통과 고뇌를 간과 합니다. 하나님을 사랑하기 위해서, 우리는 우리들의 편안함에서 벗어나 남들을 돕기위해 무엇인가 해야 할 필요가 있습니다.

기도: "예수님, 고통속에 있는 사람들을 도울 수 있는 사랑과 용기와 긍휼의 마음을 갖도록 은혜 베풀어 주세요."

50일

사랑의 대가

하나님을 사랑한다는 것은 대가를 치루더라도, 그분의 영광을 위해 일을 하는 것입니다. 그분을 위해서 무엇을 하던지, 그분은 아십니다. 우리가 주님을 위해 희생을 감수하면, 그분은 그것을 기뻐하십니다. 주님을 기쁘게 해 드릴 것을 찾던 여인: 그 여인은 그분의 머리에 향유를 부음으로써 경배했습니다.

"예수께서 베다니 나병환자 시몬의 집에 계실 때에 한 여자가 매우 귀한 향유 한 옥합을 가지고 나아와서 식사하시는 예수의 머리에 부으니 제자들이 보고 분개하여 이르되 무슨 의도로 이것을 허비하느냐 이것을 비싼 값에 팔아 가난한 자들에게 줄 수 있었겠도다 하거늘 예수께서 아시고 그들에게 이르시되 너희가 어찌하여 이 여자를 괴롭게 하느냐 그가 내게 좋은 일을 하였느니라 가난한 자들은 항상 너희와 함께 있거니와 나는 항상 함께 있지 아니하리라 이 여자가 내 몸에 이 향유를 부은 것은 내 장례를 위하여 함이니라 내가 진실로 너희에게 이르노니 온 천하에 어디서든지 이 복음이 전파되는 곳에서는 이 여자가 행한 일도 말하여 그를 기억하리라 하시니라" (마태복음 26:6~13).

예수님의 제자들은 이 여인이 돈을 낭비한다고 생각했지만, 예수님은 그렇게 생각하지 않으셨습니다. 주님을 위해서 무엇을 할 때 남들이 당신을 인정하는 것을 기대하지 마십시오. 만약에 기대를 한다면 그것은 당신을 위해서 하는 것이지 진정으로 주님을 위해서 하는 것이 아닙니다. 예수님께 당신의 사랑을 드러내기 위한 일들을 계속 하십시오. 어느 때는 사랑의 대가가 큽니다.

기도: "예수님, 제가 당신을 기쁘게 해드리기 원합니다."

51일

회개할 기회를 주신다

하나님은 우리를 사랑하셔서 우리에게 회개할 기회를 여러번 주십니다. 유다에게도 그 기회를 주셨습니다.

"그 때에 열둘 중의 하나인 가룟 유다라 하는 자가 대제사장들에게 가서 말하되 내가 예수를 너희에게 넘겨 주리니 얼마나 주려느냐 하니 그들이 은 삼십을 달아 주거늘 그가 그 때부터 예수를 넘겨 줄 기회를 찾더라 무교절의 첫날에 제자들이 예수께 나아와서 이르되 유월절 음식 잡수실 것을 우리가 어디서 준비하기를 원하시나이까 이르시되 성안 아무에게 가서 이르되 선생님 말씀이 내 때가 가까이 왔으니 내 제자들과 함께 유월절을 네 집에서 지키겠다 하시더라 하라 하시니 제자들이 예수께서 시키신 대로 하여 유월절을 준비하였더라 저물 때에 예수께서 열두 제자와 함께 앉으셨더니 그들이 먹을 때에 이르시되 내가 진실로 너희에게 이르노니 너희 중의 한 사람이 나를 팔리라 하시니 그들이 몹시 근심하여 각각 여짜오되 주여 나는 아니지요 대답하여 이르시되 나와 함께 그릇에 손을 넣는 그가 나를 팔리라 인자는 자기에 대하여 기록된 대로 가거니와 인자를 파는 그 사람에게는 화가 있으리로다 그 사람은 차라리 태어나지 아니하였더라면 제게 좋을 뻔하였느니라 예수를 파는 유다가 대답하여 이르되 랍비여 나는 아니지요 대답하시되 네가 말하였도다 하시니라" (마태복음 26:14~25).

예수님은 유다를 사랑하셔서 그에게 회개할 기회를 주셨지만 회개하지 않았습니다. 회개를 할 수 있다는 것은 축복입니다. 우리도 회개할 기회를 주실 때 회개해야 합니다.

기도: "예수님, 제가 주님의 마음을 상하게 했다면 회개하여 용서함을 받게 도와 주세요."

52일

희생은 사랑이다

예수님은 사람들을 사랑하십니다. 그분은 우리의 죄를 대신해서 희생되신 것을 제자들이 기억하기를 원하십니다.

"그들이 먹을 때에 예수께서 떡을 가지사 축복하시고 떼어 제자들에게 주시며 이르시되 받아서 먹으라 이것은 내 몸이니라 하시고 또 잔을 가지사 감사 기도 하시고 그들에게 주시며 이르시되 너희가 다 이것을 마시라 이것은 죄 사함을 얻게 하려고 많은 사람을 위하여 흘리는 바 나의 피 곧 언약의 피니라 그러나 너희에게 이르노니 내가 포도나무에서 난 것을 이제부터 내 아버지의 나라에서 새것으로 너희와 함께 마시는 날까지 마시지 아니하리라 하시니라 이에 그들이 찬미하고 감람 산으로 나아가니라 그 때에 예수께서 제자들에게 이르시되 오늘 밤에 너희가 다 나를 버리리라 기록된 바 내가 목자를 치리니 양의 떼가 흩어지리라 하였느니라 그러나 내가 살아난 후에 너희보다 먼저 갈릴리로 가리라 베드로가 대답하여 이르되 모두 주를 버릴지라도 나는 결코 버리지 않겠나이다 예수께서 이르시되 내가 진실로 네게 이르노니 오늘 밤 닭 울기 전에 네가 세 번 나를 부인하리라 베드로가 이르되 내가 주와 함께 죽을지언정 주를 부인하지 않겠나이다 하고 모든 제자도 그와 같이 말하니라" (마태복음 26:26~35).

당신에게 예수님은 어떤 분이십니까? 예수님께서 당신의 죄를 대신해서 희생하셨다는 것이 믿어집니까? 그렇지 않으면 주님께 도움을 청할 때입니다.

기도: "주님, 저를 위한 당신의 희생과 위대한 사랑을 더 알기 원합니다. 제가 주님의 영광을 위해서 일하며 당신을 더 사랑하기 원합니다."

53일

하나님의 의를 기꺼이 받아 들이기

예수님께서 군졸들에게 체포되시기 전에 기도하며 고뇌하셨습니다. 그분은 아버지 하나님께 원하는 것을 말씀하셨고, 또한 하나님의 뜻을 기꺼이 따르겠다고 하셨습니다.

"이에 예수께서 제자들과 함께 겟세마네라 하는 곳에 이르러 제자들에게 이르시되 내가 저기 가서 기도할 동안에 너희는 여기 앉아 있으라 하시고 베드로와 세베대의 두 아들을 데리고 가실새 고민하고 슬퍼하사 이에 말씀하시되 내 마음이 매우 고민하여 죽게 되었으니 너희는 여기 머물러 나와 함께 깨어 있으라 하시고 조금 나아가사 얼굴을 땅에 대시고 엎드려 기도하여 이르시되 내 아버지여 만일 할 만하시거든 이 잔을 내게서 지나가게 하옵소서 그러나 나의 원대로 마시옵고 아버지의 원대로 하옵소서 하시고 제자들에게 오사 그 자는 것을 보시고 베드로에게 말씀하시되 너희가 나와 함께 한 시간도 이렇게 깨어 있을 수 없더냐 시험에 들지 않게 깨어 기도하라 마음에는 원이로되 육신이 약하도다 하시고 다시 두 번째 나아가 기도하여 이르시되 내 아버지여 만일 내가 마시지 않고는 이 잔이 내게서 지나갈 수 없거든 아버지의 원대로 되기를 원하나이다 하시고 다시 오사 보신즉 그들이 자니 이는 그들의 눈이 피곤함일러라 또 그들을 두시고 나아가 세 번째 같은 말씀으로 기도하신 후" (마태복음 26:36~44).

고통스럽고 어려울 때에, 예수님의 기도는 우리의 기도가 되어야 합니다. 하나님을 사랑한다는 것은 우리의 삶이 힘이 들어도 그분의 뜻을 받아들이는 것입니다.

기도: "하나님 아버지, 저의 어려움과 고통을 이길 수 있는 힘을 주세요. 하나님께서 원하시는 뜻을 받아들일 수 있는 은혜를 베풀어 주세요."

54일

예수님의 사랑과 희생

"빌라도가 이르되 그러면 그리스도라 하는 예수를 내가 어떻게 하랴 그들이 다 이르되 십자가에 못 박혀야 하겠나이다 빌라도가 이르되 어찜이냐 무슨 악한 일을 하였느냐 그들이 더욱 소리 질러 이르되 십자가에 못 박혀야 하겠나이다 하는지라 빌라도가 아무 성과도 없이 도리어 민란이 나려는 것을 보고 물을 가져다가 무리 앞에서 손을 씻으며 이르되 이 사람의 피에 대하여 나는 무죄하니 너희가 당하라 백성이 다 대답하여 이르되 그 피를 우리와 우리 자손에게 돌릴지어다 하거늘 이에 바라바는 그들에게 놓아 주고 예수는 채찍질하고 십자가에 못 박히게 넘겨 주니라 이에 총독의 군병들이 예수를 데리고 관정 안으로 들어가서 온 군대를 그에게로 모으고 그의 옷을 벗기고 홍포를 입히며 가시관을 엮어 그 머리에 씌우고 갈대를 그 오른손에 들리고 그 앞에서 무릎을 꿇고 희롱하여 이르되 유대인의 왕이여 평안할지어다 하며 그에게 침 뱉고 갈대를 빼앗아 그의 머리를 치더라 희롱을 다 한 후 홍포를 벗기고 도로 그의 옷을 입혀 십자가에 못 박으려고 끌고 나가니라 나가다가 시몬이란 구레네 사람을 만나매 그에게 예수의 십자가를 억지로 지워 가게 하였더라 골고다 즉 해골의 곳이라는 곳에 이르러 쓸개 탄 포도주를 예수께 주어 마시게 하려 하였더니 예수께서 맛보시고 마시고자 하지 아니하시더라 그들이 예수를 십자가에 못 박은 후에 그 옷을 제비뽑아 나누고" (마태복음 27:22~35).

　기도: "예수님, 저를 위해 겪으신 고통의 희생과 사랑에 감사 드립니다."

55일

예수님에 대해 좋은 일들을 얘기 하기

"이 때에 예수와 함께 강도 둘이 십자가에 못 박히니 하나는 우편에, 하나는 좌편에 있더라 지나가는 자들은 자기 머리를 흔들며 예수를 모욕하여 이르되 성전을 헐고 사흘에 짓는 자여 네가 만일 하나님의 아들이어든 자기를 구원하고 십자가에서 내려오라 하며 그와 같이 대제사장들도 서기관들과 장로들과 함께 희롱하여 이르되 그가 남은 구원하였으되 자기는 구원할 수 없도다 그가 이스라엘의 왕이로다 지금 십자가에서 내려올지어다 그리하면 우리가 믿겠노라...그의 말이 나는 하나님의 아들이라 하였도다 하며...제육시로부터 온 땅에 어둠이 임하여 제구시까지 계속되더니 제구시쯤에 예수께서 크게 소리 질러 이르시되 엘리 엘리 라마 사박다니 하시니 이는 곧 나의 하나님, 나의 하나님, 어찌하여 나를 버리셨나이까 하는 뜻이라 거기 섰던 자 중 어떤 이들이 듣고 이르되 이 사람이 엘리야를 부른다 하고...그 남은 사람들이 이르되 가만 두라 엘리야가 와서 그를 구원하나 보자 하더라 예수께서 다시 크게 소리 지르시고 영혼이 떠나시니라 이에 성소 휘장이 위로부터 아래까지 찢어져 둘이 되고 땅이 진동하며 바위가 터지고 무덤들이 열리며 자던 성도의 몸이 많이 일어나되 예수의 부활 후에 그들이 무덤에서 나와서...예수를 지키던 자들이 지진과 그 일어난 일들을 보고 심히 두려워하여 이르되 이는 진실로 하나님의 아들이었도다 하더라" (마태복음 27:38~54).

하나님을 사랑하는 것은 그분을 모욕해서는 안되며 그분의 좋으신 것들에 대해 말하는 것입니다.

기도: "예수님, 당신이 하나님의 아들이라는 것을 믿습니다. 항상 좋으신 하나님에 대해서 말하게 도와 주세요."

56일

사랑하면 용감해진다

예수님의 제자들은 예수님이 체포되실 때 무서워 도망갔습니다. 베드로는 그의 삶의 두려움 때문에 예수님을 세번이나 부인했습니다. 예수님을 사랑하던 많은 여인들이 슬퍼했고, 십자가로 가시는 그분을 따랐고, 돌아가실 때까지 예수님과 함께했습니다. 아리마데의 요셉은 예수님의 시신을 보살폈습니다. 우리가 누군가를 깊이 사랑할때는, 우리의 두려움을 떨쳐 버리고 그들을 돌봅니다.

"예수를 섬기며 갈릴리에서부터 따라온 많은 여자가 거기 있어 멀리서 바라보고 있으니 그 중에는 막달라 마리아와 또 야고보와 요셉의 어머니 마리아와 또 세베대의 아들들의 어머니도 있더라. 저물었을 때에 아리마대의 부자 요셉이라 하는 사람이 왔으니 그도 예수의 제자라 빌라도에게 가서 예수의 시체를 달라 하니 이에 빌라도가 내주라 명령하거늘 요셉이 시체를 가져다가 깨끗한 세마포로 싸서 바위 속에 판 자기 새 무덤에 넣어 두고 큰 돌을 굴려 무덤 문에 놓고 가니 거기 막달라 마리아와 다른 마리아가 무덤을 향하여 앉았더라" (마태복음 27:55~61).

어떻게 우리의 사랑을 예수님께 보여 드릴 수 있을까요? 예수님의 사랑에 대한 체험을 나누는 것은 그분을 사랑하는 것입니다. 어려움에 처한 사람들을 돌보는 것은 예수님을 돌보는 것입니다. 또한 교회 건물을 관리하는 것도 예수님을 사랑하는 것입니다. 무엇이든 하나님의 왕국을 드러내기 위해 하는 일은 예수님을 사랑하는 것입니다.

기도: "예수님, 당신이 원하시는 것을 따름으로써 당신을 사랑하는 것을 보여드리기 원합니다."

57일

하나님의 사랑과 천사들

예수님이 부활하신 후에 천사들과 예수님을 만난 사람들이 있습니다. 하나님은 예수님을 믿고 그분의 상실을 슬퍼하는 사람들을 사랑하시고 위로하십니다.

"안식일이 다 지나고 안식 후 첫날이 되려는 새벽에 막달라 마리아와 다른 마리아가 무덤을 보려고 갔더니 큰 지진이 나며 주의 천사가 하늘로부터 내려와 돌을 굴려 내고 그 위에 앉았는데 그 형상이 번개 같고 그 옷은 눈 같이 희거늘 지키던 자들이 그를 무서워하여 떨며 죽은 사람과 같이 되었더라 천사가 여자들에게 말하여 이르되 너희는 무서워하지 말라 십자가에 못 박히신 예수를 너희가 찾는 줄을 내가 아노라 그가 여기 계시지 않고 그가 말씀 하시던 대로 살아나셨느니라 와서 그가 누우셨던 곳을 보라 또 빨리 가서 그의 제자들에게 이르되 그가 죽은 자 가운데서 살아나셨고 너희보다 먼저 갈릴리로 가시나니 거기서 너희가 뵈오리라 하라 보라 내가 너희에게 일렀느니라 하거늘 그 여자들이 무서움과 큰 기쁨으로 빨리 무덤을 떠나 제자들에게 알리려고 달음질할새 예수께서 그들을 만나 이르시되 평안하냐 하시거늘 여자들이 나아가 그 발을 붙잡고 경배하니 이에 예수께서 이르시되 무서워하지 말라 가서 내 형제들에게 갈릴리로 가라 하라 거기서 나를 보리라 하시니라" (마태복음 28:1~10).

하나님의 사랑과 위대하신 능력은 예수님의 부활을 통해 확증 되었습니다. 예수님을 가까이 따르던 사람들은 예수님이 부활하신 후에 그분을 만났고 그분과 함께 말을 나누었습니다. 예수님은 능력이 있으시고 우리를 사랑하십니다.

기도: "예수님, 제가 예수님을 사랑하는 마음으로 더욱 가깝게 따르도록 은혜 베풀어 주세요."

58일

예수님을 경배하기

부활 이후에, 예수님은 남아 있는 열한 제자들을 만나셨고, 제자들은 그분을 경배했습니다. 예수님을 경배한다는 것은 그분을 사랑하는 것이고, 그분이 찬양, 영광과 감사를 받기에 마땅하심을 인정하는 것입니다.

"열한 제자가 갈릴리에 가서 예수께서 지시하신 산에 이르러 예수를 뵈옵고 경배하나 아직도 의심하는 사람들이 있더라 예수께서 나아와 말씀하여 이르시되 하늘과 땅의 모든 권세를 내게 주셨으니 그러므로 너희는 가서 모든 민족을 제자로 삼아 아버지와 아들과 성령의 이름으로 세례를 베풀고 내가 너희에게 분부한 모든 것을 가르쳐 지키게 하라 볼지어다 내가 세상 끝날까지 너희와 항상 함께 있으리라 하시니라" (마태복음 28:16~20).

예수님은 우리에게 무엇이 진정으로 중요한 것인지를 가르치십니다. 제자들에게 모든 사람들을 제자로 삼아 복음을 전하고, 세례를 주고, 그들이 말씀에 순종하도록 가르치라고 말씀하십니다. 예수님은 우리들의 사랑, 경배, 순종을 받기에 마땅한 분이십니다. 그분은 우리를 사랑하시고, 하나님을 어떻게 사랑하는지에 대한 분명한 지침을 우리에게 주십니다. 그것을 우리가 실천하려고 노력할 때 곧 주님을 사랑하는 것임을 그분에게 보여 드리는 것입니다.

기도: "예수님, 제가 당신의 사랑을 이해 하도록 도와 주시고 복음을 전파하여 많은 사람들이 구원을 받을 수 있도록 기회를 주세요. 저에게 지혜와 순종하는 마음을 주세요."

3장
이사야서가 가르치는 하나님 사랑

59일

배신하지 말라

이사야는 주님으로부터 받은 비전을 통해서 하나님을 어떻게 사랑하는지를 우리에게 가르치십니다.

"유다 왕 웃시야와 요담과 아하스와 히스기야 시대에 아모스의 아들 이사야가 유다와 예루살렘에 관하여 본 계시라 하늘이여 들으라 땅이여 귀를 기울이라 여호와께서 말씀하시기를 내가 자식을 양육하였거늘 그들이 나를 거역하였도다 소는 그 임자를 알고 나귀는 그 주인의 구유를 알건마는 이스라엘은 알지 못하고 나의 백성은 깨닫지 못하는도다 하셨도다 슬프다 범죄한 나라요 허물 진 백성이요 행악의 종자요 행위가 부패한 자식이로다 그들이 여호와를 버리며 이스라엘의 거룩하신 이를 만홀히 여겨 멀리하고 물러갔도다 너희가 어찌하여 매를 더 맞으려고 패역을 거듭하느냐 온 머리는 병들었고 온 마음은 피곤하였으며 발바닥에서 머리까지 성한 곳이 없이 상한 것과 터진 것과 새로 맞은 흔적뿐이거늘 그것을 짜며 싸매며 기름으로 부드럽게 함을 받지 못하였도다"(이사야 1:1~6).

하나님은 이스라엘 사람들이 반항하고 하나님께 등을 돌릴 때 몹시 슬퍼하셨습니다. 그들의 죄의 결과는 아픔과 고통이었고, 그것은 다른 나라들의 침입을 야기시켰습니다. 모든 아픔과 고통이 죄에 의한 것은 아니지만, 우리가 반항적인 마음을 품고 있다면, 결국은 하나님께 등을 돌릴 것입니다. 하나님을 사랑한다는 것은 지속적으로 우리의 사고와 마음을 하나님께 집중하는 것이고 그분을 기쁘게 해 드리는 것입니다.

기도: "예수님, 제가 당신께 집중하지 못하는 것을 용서하시고 당신을 기쁘게 해드릴 수 있도록 도와 주세요"

60일

바르게 살라

하나님은 우리의 사랑을 원하십니다. 그분은 또한 우리가 정의를 실천하기를 원하십니다.

"헛된 제물을 다시 가져오지 말라 분향은 내가 가증히 여기는 바요 월삭과 안식일과 대회로 모이는 것도 그러하니 성회와 아울러 악을 행하는 것을 내가 견디지 못하겠노라 내 마음이 너희의 월삭과 정한 절기를 싫어하나니 그것이 내게 무거운 짐이라 내가 지기에 곤비하였느니라 너희가 손을 펼 때에 내가 내 눈을 너희에게서 가리고 너희가 많이 기도할지라도 내가 듣지 아니하리니 이는 너희의 손에 피가 가득함이라 너희는 스스로 씻으며 스스로 깨끗하게 하여 내 목전에서 너희 악한 행실을 버리며 행악을 그치고 선행을 배우며 정의를 구하며 학대 받는 자를 도와 주며 고아를 위하여 신원하며 과부를 위하여 변호하라 하셨느니라 여호와께서 말씀하시되 오라 우리가 서로 변론하자 너희의 죄가 주홍 같을지라도 눈과 같이 희어질 것이요 진홍 같이 붉을지라도 양털 같이 희게 되리라 너희가 즐겨 순종하면 땅의 아름다운 소산을 먹을 것이요 너희가 거절하여 배반하면 칼에 삼켜지리라 여호와의 입의 말씀이니라 신실하던 성읍이 어찌하여 창기가 되었는고 정의가 거기에 충만하였고 공의가 그 가운데에 거하였더니 이제는 살인자들뿐이로다…네 고관들은 패역하여 도둑과 짝하며 다 뇌물을 사랑하며 예물을 구하며 고아를 위하여 신원하지 아니하며 과부의 송사를 수리하지 아니하는도다" (이사야 1:13~23). 하나님은 우리가 잘못된 길을 걸을 때 돌아서서 회개하고 의로운 삶을 살며, 남들을 돌보기를 원하십니다.

기도: "예수님, 제가 의로운 삶을 살도록 성령님의 도우심을 간구합니다."

61일

평화를 만들기

하나님은 우리가 그분의 길을 배우고 따르기를 원하십니다. 하나님은 우리가 싸움을 하거나 전쟁을 원치 않으십니다.

"말일에 여호와의 전의 산이 모든 산 꼭대기에 굳게 설 것이요 모든 작은 산 위에 뛰어나리니 만방이 그리로 모여들 것이라 많은 백성이 가며 이르기를 오라 우리가 여호와의 산에 오르며 야곱의 하나님의 전에 이르자 그가 그의 길을 우리에게 가르치실 것이라 우리가 그 길로 행하리라 하리니 이는 율법이 시온에서부터 나올 것이요 여호와의 말씀이 예루살렘에서부터 나올 것임이니라 그가 열방 사이에 판단하시며 많은 백성을 판결하시리니 무리가 그들의 칼을 쳐서 보습을 만들고 그들의 창을 쳐서 낫을 만들 것이며 이 나라와 저 나라가 다시는 칼을 들고 서로 치지 아니하며 다시는 전쟁을 연습하지 아니하리라 야곱 족속아 오라 우리가 여호와의 빛에 행하자" (이사야 2:2~5).

하나님께서 모든 사람들을 심판하실 때가 올 것입니다. 그 때는 바로 칼이 쟁기의 날로 변하고 창이 가지치는 낫으로 바뀔 때입니다. 군대가 없는 나라가 자기들을 보호할 수 있는지 상상할 수 있습니까? 주님께서는 하실 수 있습니다. 우리가 주님을 사랑하고 빛의 역할을 한다면 주님께서 우리를 통해서 평화를 주실 것입니다. 우리의 기쁨이 하나님의 말씀에 있을 때 주님과 남을 사랑하는 것에 초점을 맞출 수 있습니다.

기도: "예수님, 제가 당신의 말씀대로 다툼이나 전쟁이 아닌 평화를 만들 수 있도록 훈련시켜 주세요. 당신과 남들을 사랑하도록 사랑의 은사를 베풀어 주세요."

62일

우상을 가지지 말라

하나님과 가까운 사랑의 관계를 가지려면, 우리는 그분 앞에서 겸손해져야 합니다.

"대저 만군의 여호와의 날이 모든 교만한 자와 거만한 자와 자고한 자에게 임하리니 그들이 낮아지리라 또 레바논의 높고 높은 모든 백향목과 바산의 모든 상수리나무와 모든 높은 산과 모든 솟아 오른 작은 언덕과 모든 높은 망대와 모든 견고한 성벽과 다시스의 모든 배와 모든 아름다운 조각물에 임하리니 그 날에 자고한 자는 굴복되며 교만한 자는 낮아지고 여호와께서 홀로 높임을 받으실 것이요 우상들은 온전히 없어질 것이며 사람들이 암혈과 토굴로 들어가서 여호와께서 땅을 진동시키려고 일어나실 때에 그의 위엄과 그 광대하심의 영광을 피할 것이라 사람이 자기를 위하여 경배하려고 만들었던 은 우상과 금 우상을 그 날에 두더지와 박쥐에게 던지고 암혈과 험악한 바위 틈에 들어가서 여호와께서 땅을 진동시키려고 일어나실 때에 그의 위엄과 그 광대하심의 영광을 피하리라 너희는 인생을 의지하지 말라 그의 호흡은 코에 있나니 셈할 가치가 어디 있느냐" (이사야 2:12~22).

하나님 이외의 그 어떤 것에 의지한다는 것은 우상이 됩니다. 하나님을 사랑하기 위해서는 사람이나 어떤 것에 의지함이 없이 하나님을 최우선으로 놓아야 합니다. 하나님보다 사람들을 더 의지하는 것은 우상숭배와 같습니다. 사랑은 선택입니다. 우리가 하나님을 사랑하는 것을 우선 선위로 선택을 해야 합니다. 그럴 때 주님을 기쁘게 해 드릴 수 있습니다.

기도: "예수님, 제가 온 정성, 마음, 힘을 다하여 당신을 사랑하기 원합니다. 당신을 누구보다도 가장 더 사랑하기로 결심했습니다."

63일

하나님의 경고를 들으라

하나님을 사랑하는 것은 우리의 모든 집중을 요합니다. 때로 우리는 그분의 경고에 주의를 기울이고 순종해야 합니다. "악을 선하다 하며 선을 악하다 하며 흑암으로 광명을 삼으며 광명으로 흑암을 삼으며 쓴 것으로 단 것을 삼으며 단 것으로 쓴 것을 삼는 자들은 화 있을진저 스스로 지혜롭다 하며 스스로 명철하다 하는 자들은 화 있을진저 포도주를 마시기에 용감하며 독주를 잘 빚는 자들은 화 있을진저 그들은 뇌물로 말미암아 악인을 의롭다 하고 의인에게서 그 공의를 빼앗는도다 이로 말미암아 불꽃이 그루터기를 삼킴 같이, 마른 풀이 불 속에 떨어짐 같이 그들의 뿌리가 썩겠고 꽃이 티끌처럼 날리리니 그들이 만군의 여호와의 율법을 버리며 이스라엘의 거룩하신 이의 말씀을 멸시하였음이라 그러므로 여호와께서 자기 백성에게 노를 발하시고 그들 위에 손을 들어 그들을 치신지라 산들은 진동하며 그들의 시체는 거리 가운데에 분토 같이 되었도다 그럴지라도 그의 노가 돌아서지 아니하였고 그의 손이 여전히 펼쳐져 있느니라 또 그가 기치를 세우시고 먼 나라들을 불러 땅 끝에서부터 자기에게로 오게 하실 것이라 보라 그들이 빨리 달려올 것이로되" (이사야 5:20~26).

이스라엘 사람들은 그들의 죄로 인해 고통을 받았습니다. 하나님은 의로 판단하시는 분이십니다. 하나님의 말씀에 순종하지 않는 것은 그분을 멸시하는 것과 같습니다. 예수님은 우리의 사랑을 받기에 합당하신 창조자이시며 또한 우리를 사랑하시어 목숨까지 주신 분이십니다. 그분을 사랑하고 존중하는 것은 너무나 당연한 일입니다.

기도: "예수님, 제가 당신께 순종할 수 있도록 도와 주세요."

64일

부르심에 응답하라

하나님을 사랑하는 것은 섬김의 부르심에 응답하는 것입니다. 이사야는 이 부르심을 들었고 순종했습니다.

"웃시야 왕이 죽던 해에 내가 본즉 주께서 높이 들린 보좌에 앉으셨는데 그의 옷자락은 성전에 가득하였고 스랍들이 모시고 섰는데 각기 여섯 날개가 있어 그 둘로는 자기의 얼굴을 가리었고 그 둘로는 자기의 발을 가리었고 그 둘로는 날며 서로 불러 이르되 거룩하다 거룩하다 거룩하다 만군의 여호와여 그의 영광이 온 땅에 충만하도다 하더라 이같이 화답하는 자의 소리로 말미암아 문지방의 터가 요동하며 성전에 연기가 충만한지라 그 때에 내가 말하되 화로다 나여 망하게 되었도다 나는 입술이 부정한 사람이요 나는 입술이 부정한 백성 중에 거주하면서 만군의 여호와이신 왕을 뵈었음이로다 하였더라 그 때에 그 스랍 중의 하나가 부젓가락으로 제단에서 집은 바 핀 숯을 손에 가지고 내게로 날아와서 그것을 내 입술에 대며 이르되 보라 이것이 네 입에 닿았으니 네 악이 제하여졌고 네 죄가 사하여졌느니라 하더라 내가 또 주의 목소리를 들으니 주께서 이르시되 내가 누구를 보내며 누가 우리를 위하여 갈꼬 하시니 그 때에 내가 이르되 내가 여기 있나이다 나를 보내소서 하였더니" (이사야 6:1~8).

이스라엘 사람들은 주님께 반항하는 죄를 지고, 하나님은 그 땅에 재난을 가져오겠다는 메세지를 보내셨습니다. 이사야는 주저없이 그분의 부르심에 응답했습니다. 그것이 사랑입니다. 하나님은 그분의 메세지를 전하게 하기 위해 사람들을 부르십니다. 당신은 응답 할 준비가 되어 있습니까?

기도: "주님, 이사야와 같은 마음을 가지고 주님의 부르심에 응답하도록 저를 도와 주세요."

65일

하나님은 우리의 안식처시다

주님은 이사야에게 오로지 하나님을 두려워하고 그분의 능력에 의지하라고 가르치셨습니다.

"여호와께서 다시 내게 말씀하여 이르시되 이 백성이 천천히 흐르는 실로아 물을 버리고 르신과 르말리야의 아들을 기뻐하느니라 그러므로 주 내가 흉용하고 창일한 큰 하수 곧 앗수르 왕과 그의 모든 위력으로 그들을 뒤덮을 것이라 그 모든 골짜기에 차고 모든 언덕에 넘쳐 흘러 유다에 들어와서 가득하여 목에까지 미치리라…여호와께서 강한 손으로 내게 알려 주시며 이 백성의 길로 가지 말 것을 내게 깨우쳐 이르시되 이 백성이 반역자가 있다고 말하여도 너희는 그 모든 말을 따라 반역자가 있다고 하지 말며 그들이 두려워하는 것을 너희는 두려워하지 말며 놀라지 말고 만군의 여호와 그를 너희가 거룩하다 하고 그를 너희가 두려워하며 무서워할 자로 삼으라 그가 성소가 되시리라…너는 증거의 말씀을 싸매며 율법을 내 제자들 가운데에서 봉함하라" (이사야 8:5~16).

주님은 우리가 보는 것과 다르게 사물을 보시어, 이사야에게 사람들이 말하는 것을 믿지 말라고 말씀하셨습니다. 하나님은 거룩한 분이시며 이사야에게 성소와 같은 안식처가 될 수 있었습니다. 성소는 주님께 예배, 영광, 찬양을 올려 드리는 장소입니다. 기도가 하나님의 보좌에 올라가며 주님의 임재안에서 안락함을 찾을 수 있는 곳입니다. 우리가 하나님과 함께 걸을 때는, 이사야에게 하셨듯이, 하나님은 우리에게 마음에 평안함을 주시고, 격려하시며 그분이 얼마나 사랑이 많으신지를 알게 해 주십니다.

기도: "사랑이 많으신 하나님, 저에게 주님의 임재안에서 편안함을 주시고 격려하는 말씀을 해주세요."

66일

하나님을 기다리기

당신은 응답이 필요할 때, 하나님께 나아갑니까? 아니면 그분을 모르는 다른 사람들한테 갑니까? 우리는 주님을 위해 기다리는 것을 배울 필요가 있습니다. "이제 야곱의 집에 대하여 얼굴을 가리시는 여호와를 나는 기다리며 그를 바라보리라 보라 나와 및 여호와께서 내게 주신 자녀들이 이스라엘 중에 징조와 예표가 되었나니 이는 시온 산에 계신 만군의 여호와께로 말미암은 것이니라 어떤 사람이 너희에게 말하기를 주절거리며 속살거리는 신접한 자와 마술사에게 물으라 하거든 백성이 자기 하나님께 구할 것이 아니냐 산 자를 위하여 죽은 자에게 구하겠느냐 하라 마땅히 율법과 증거의 말씀을 따를지니 그들이 말하는 바가 이 말씀에 맞지 아니하면 그들이 정녕 아침 빛을 보지 못하고 이 땅으로 헤매며 곤고하며 굶주릴 것이라 그가 굶주릴 때에 격분하여 자기의 왕과 자기의 하나님을 저주할 것이며 위를 쳐다보거나 땅을 굽어보아도 환난과 흑암과 고통의 흑암뿐이리니 그들이 심한 흑암 가운데로 쫓겨 들어가리라" (이사야 8:17~22).

이사야는 그분을 기다림으로써 하나님을 사랑했습니다. 매일의 기도속에서 침묵으로 기다리는 것을 연습하면 하나님과 가까운 사랑의 관계를 증진시키는데 도움이 됩니다. 왜 일까요? 우리가 오래 기다릴 때, 주님은 우리에게 사랑스럽고, 안락하고, 격려하는 말씀을 하시기 때문입니다. 그분은 우리의 영혼을 살리시고, 소생시키시며, 치유하십니다.

기도: "예수님, 당신의 사랑의 음성을 듣기 원합니다. 침묵 가운데 방해되는 것들을 이겨내고 당신을 기다려서 만날 수 있도록 은혜 베풀어 주세요."

67일

주님은 우리를 포기하지 않으신다

하나님은 사람들을 사랑하십니다. 우리가 죄에 빠지더라도, 그분은 우리를 포기하지 않으십니다. 이사야는 우리의 희망이고 평화의 왕자이신 예수 그리스도께서 메시아로 오실 것을 예언했습니다. "그러므로 주께서 친히 징조를 너희에게 주실 것이라 보라 처녀가 잉태하여 아들을 낳을 것이요 그의 이름을 임마누엘이라 하리라"(이사야 7:14).

임마누엘은 "하나님이 우리와 함께 하신다"는 뜻입니다. 하나님은 우리들을 깊이 사랑하시고 우리와 함께 계십니다.

"흑암에 행하던 백성이 큰 빛을 보고 사망의 그늘진 땅에 거주하던 자에게 빛이 비치도다 주께서 이 나라를 창성하게 하시며 그 즐거움을 더하게 하셨으므로 추수하는 즐거움과 탈취물을 나눌 때의 즐거움 같이 그들이 주 앞에서 즐거워하오니 이는 그들이 무겁게 멘 멍에와 그들의 어깨의 채찍과 그 압제자의 막대기를 주께서 꺾으시되 미디안의 날과 같이 하셨음이니이다 어지러이 싸우는 군인들의 신과 피 묻은 겉옷이 불에 섶 같이 살라지리니 이는 한 아기가 우리에게 났고 한 아들을 우리에게 주신 바 되었는데 그의 어깨에는 정사를 메었고 그의 이름은 기묘자라, 모사라, 전능하신 하나님이라, 영존하시는 아버지라, 평강의 왕이라 할 것임이라 그 정사와 평강의 더함이 무궁하며 또 다윗의 왕좌와 그의 나라에 군림하여 그 나라를 굳게 세우고 지금 이후로 영원히 정의와 공의로 그것을 보존하실 것이라 만군의 여호와의 열심이 이를 이루시리라"(이사야 9:2~7).

예수님은 우리에게 평화를 주시기를 원하십니다.

기도: "평화의 왕자님, 당신의 평강으로 저를 축복해 주세요."

68일

주님에 대한 경외심을 가져라

우리가 하나님을 알게 될 때, 우리는 그분이 어떤 분인지 배웁니다. 이사야는 우리에게 예수님이 어떤 분이고, 그분이 어떻게 사람들을 사랑으로 대하시는지를 말했습니다.

"이새의 줄기에서 한 싹이 나며 그 뿌리에서 한 가지가 나서 결실할 것이요 그의 위에 여호와의 영 곧 지혜와 총명의 영이요 모략과 재능의 영이요 지식과 여호와를 경외하는 영이 강림하시리니 그가 여호와를 경외함으로 즐거움을 삼을 것이며 그의 눈에 보이는 대로 심판하지 아니하며 그의 귀에 들리는 대로 판단하지 아니하며 공의로 가난한 자를 심판하며 정직으로 세상의 겸손한 자를 판단할 것이며 그의 입의 막대기로 세상을 치며 그의 입술의 기운으로 악인을 죽일 것이며 공의로 그의 허리띠를 삼으며 성실로 그의 몸의 띠를 삼으리라" (이사야 11:1~5).

예수님을 통해서 우리는 어떻게 하나님을 사랑하며 경외하는 지를 배울 수 있습니다. 예수님은 우리가 우러러보아야 할 가장 완전한 본보기입니다. 그분의 의로우심은 어려운 사람들에게 옳고, 굶주린 사람들에게 공평하십니다. 그것이 바로 하나님의 사랑의 마음입니다. 그분의 의로우심과 공평함은 우리가 배울 필요가 있습니다. 하나님을 사랑하는 것은 사랑스런 행동을 불러옵니다. 우리가 주님을 기쁘게 해 드리기 원한다면, 우리는 하나님이 지니고 계신 것과 같은 마음으로 사랑해야 합니다.

기도: "주님, 당신의 사랑의 마음을 가지고 당신이 원하시는 삶을 살도록 도와 주세요."

69일

주님을 위해서 찬송과 선포를 하라

우리가 주님을 사랑하므로 매일 시간을 내어 찬양과 예배 드린다면, 우리와 그분과의 관계가 **훨씬** 가까워 질 것입니다. 주님을 찬양하는 것은 그분께 영광을 드리는 것이고 우리의 감사하는 마음이 그분을 기쁘게 해 드릴 것입니다. 이사야는 하나님을 어떻게 행복하게 해드리는지를 우리에게 가르칩니다.

"그 날에 네가 말하기를 여호와여 주께서 전에는 내게 노하셨사오나 이제는 주의 진노가 돌아섰고 또 주께서 나를 안위하시오니 내가 주께 감사하겠나이다 할 것이니라 보라 하나님은 나의 구원이시라 내가 신뢰하고 두려움이 없으리니 주 여호와는 나의 힘이시며 나의 노래시며 나의 구원이심이라 그러므로 너희가 기쁨으로 구원의 우물들에서 물을 길으리로다 그 날에 너희가 또 말하기를 여호와께 감사하라 그의 이름을 부르며 그의 행하심을 만국 중에 선포하며 그의 이름이 높다 하라 여호와를 찬송할 것은 극히 아름다운 일을 하셨음이니 이를 온 땅에 알게 할지어다 시온의 주민아 소리 높여 부르라 이스라엘의 거룩하신 이가 너희 중에서 크심이니라 할 것이니라" (이사야 12:1~6).

주님을 위한 간증은 그분이 우리에게 베풀어 주신 은혜에 감사와 영광을 올려 드리는 것입니다. 하나님이 얼마나 좋은 분이신지를 하나님께 또 남들에게 계속 말하십시오. 우리는 그분을 찬양하고 하나님과 가까운 사랑의 관계를 가지도록 만들어 졌습니다.

기도: "예수님, 제가 매일 당신을 위하여 찬양하며 기쁘게 해드리고, 당신의 위대함을 간증하여 하나님께 영광을 올려 드리도록 인도해 주세요."

70일

주님을 경배하라

이사야는 하나님과 가까운 사랑의 관계를 가졌었고, 그의 기도는 하나님을 사랑하는 표현이었습니다.

"여호와여 주는 나의 하나님이시라 내가 주를 높이고 주의 이름을 찬송하오리니 주는 기사를 옛적에 정하신 뜻대로 성실함과 진실함으로 행하셨음이라 주께서 성읍을 돌무더기로 만드시며 견고한 성읍을 황폐하게 하시며 외인의 궁성을 성읍이 되지 못하게 하사 영원히 건설되지 못하게 하셨으므로 강한 민족이 주를 영화롭게 하며 포학한 나라들의 성읍이 주를 경외하리이다 주는 포학자의 기세가 성벽을 치는 폭풍과 같을 때에 빈궁한 자의 요새이시며 환난 당한 가난한 자의 요새이시며 폭풍 중의 피난처시며 폭양을 피하는 그늘이 되셨사오니 마른 땅에 폭양을 제함 같이 주께서 이방인의 소란을 그치게 하시며 폭양을 구름으로 가림 같이 포학한 자의 노래를 낮추시리이다 만군의 여호와께서 이 산에서 만민을 위하여 기름진 것과 오래 저장하였던 포도주로 연회를 베푸시리니 곧 골수가 가득한 기름진 것과 오래 저장하였던 맑은 포도주로 하실 것이며 또 이 산에서 모든 민족의 얼굴을 가린 가리개와 열방 위에 덮인 덮개를 제하시며 사망을 영원히 멸하실 것이라 주 여호와께서 모든 얼굴에서 눈물을 씻기시며 자기 백성의 수치를 온 천하에서 제하시리라 여호와께서 이같이 말씀하셨느니라 그 날에 말하기를 이는 우리의 하나님이시라 우리가 그를 기다렸으니 그가 우리를 구원하시리로다 이는 여호와시라 우리가 그를 기다렸으니 우리는 그의 구원을 기뻐하며 즐거워하리라 할 것이며" (이사야 25:1~9).

기도: "예수님, 이사야와 같은 마음을 가지고 주님의 구원을 기뻐하며 즐거워하며 감사 드립니다."

71일

하나님을 신뢰하라

하나님을 사랑하는 것은 그분을 신뢰하는 것입니다.
"너희는 문들을 열고 신의를 지키는 의로운 나라가 들어오게 할지어다 주께서 심지가 견고한 자를 평강하고 평강하도록 지키시리니 이는 그가 주를 신뢰함이니이다 너희는 여호와를 영원히 신뢰하라 주 여호와는 영원한 반석이심이로다 높은 데에 거주하는 자를 낮추시며 솟은 성을 헐어 땅에 엎으시되 진토에 미치게 하셨도다 발이 그것을 밟으리니 곧 빈궁한 자의 발과 곤핍한 자의 걸음이리로다 의인의 길은 정직함이여 정직하신 주께서 의인의 첩경을 평탄하게 하시도다" (이사야 26:2~7).

하나님을 신뢰한다는 것은 그분과 가까운 관계를 발전시키는데 필수적인 부분입니다. 이사야는 하나님을 믿는 사람은 평안을 가질 것이라고 말합니다. 당신은 주님으로부터 평안을 가지고 있습니까? 그렇지 않다면, 당신의 삶의 모든 면에서 그분에 대한 신뢰가 있는지 점검하고 돌아볼 필요가 있습니다. 이사야는 주님께서 의인의 길을 순조롭게 하시리라는 확신이 있었습니다. 이것은 우리가 모든 문제를 해결할 수 있다는 것을 의미하지 않지만, 하나님의 완전한 평온으로, 우리들은 어려운 문제들을 쉽게 대처 할 수 있습니다. 하나님의 평온함은 우리가 고난을 헤쳐나갈 때 우리에게 힘을 주는 것입니다. 하나님을 사랑하기위해, 우리는 신뢰와 믿음을 가져야 합니다. 우리 삶의 어려움은 남들의 고통을 이해하는데 도움을 주고, 그들을 어떻게 돕는지를 가르쳐 줍니다.

기도: "주님, 사랑이 많으신 당신을 신뢰하여 완전한 평온을 갖도록 인도해 주세요."

72일

하나님을 알기를 갈망하라

이사야의 기도는 우리가 어떻게 기다려야 하는지 가르쳐 줍니다. 그는 하나님을 알기 원하는 갈망을 우리에게 보여줍니다.

"여호와여 주께서 심판하시는 길에서 우리가 주를 기다렸사오며 주의 이름을 위하여 또 주를 기억하려고 우리 영혼이 사모하나이다 밤에 내 영혼이 주를 사모하였사온즉 내 중심이 주를 간절히 구하오리니 이는 주께서 땅에서 심판하시는 때에 세계의 거민이 의를 배움이니이다 악인은 은총을 입을지라도 의를 배우지 아니하며 정직한 자의 땅에서 불의를 행하고 여호와의 위엄을 돌아보지 아니하는도다 여호와여 주의 손이 높이 들릴지라도 그들이 보지 아니하오나 백성을 위하시는 주의 열성을 보면 부끄러워할 것이라 불이 주의 대적들을 사르리이다" (이사야 26:8~11).

하나님을 사랑하는 것이 당신이 바라는 것입니까? 당신은 온전한 마음을 다하여 매일 하나님을 찾습니까? 당신은 하나님을 경험하기를 갈망합니까? 당신은 주님으로부터 음성을 들으려고 기다립니까? 하나님과의 사랑의 관계는 당신이 온전한 마음을 다하여 갈망한다면 커갈 것입니다. "여호와의 말씀이니라 너희를 향한 나의 생각을 내가 아나니 평안이요 재앙이 아니니라 너희에게 미래와 희망을 주는 것이니라 너희가 내게 부르짖으며 내게 와서 기도하면 내가 너희들의 기도를 들을 것이요 너희가 온 마음으로 나를 구하면 나를 찾을 것이요 나를 만나리라" (예레미야 29:11~13).

기도: "예수님, 당신을 만나고 사랑을 더 이해하고 알기를 갈망합니다."

73일

하나님께 영광을 올려라

하나님께 영광을 올리는 것은 우리가 그분을 사랑하는 표현입니다. "여호와여 주께서 우리를 위하여 평강을 베푸시오리니 주께서 우리의 모든 일도 우리를 위하여 이루심이니이다 여호와 우리 하나님이시여 주 외에 다른 주들이 우리를 관할하였사오나 우리는 주만 의지하고 주의 이름을 부르리이다 그들은 죽었은즉 다시 살지 못하겠고 사망하였은즉 일어나지 못할 것이니 이는 주께서 벌하여 그들을 멸하사 그들의 모든 기억을 없이하셨음이니이다"(이사야 26:12~14).

이사야는 그가 하는 모든 것을 할 수 있게 해 주시는, 하나님께 영광을 드리며 그분을 믿었습니다. 우리는 우리가 할 수 있는 것과 모든 성취한 것조차도 모든 것을 주신 우리에게 선물로 주신 하나님께 영광을 돌려야 합니다. 요한이 본 천국의 비전도 하나님께 영광을 드리는 것은 우리가 마땅히 해야 할 일이라고 가르칩니다.

"내가 또 보고 들으매 보좌와 생물들과 장로들을 둘러 선 많은 천사의 음성이 있으니 그 수가 만만이요 천천이라 큰 음성으로 이르되 죽임을 당하신 어린 양은 능력과 부와 지혜와 힘과 존귀와 영광과 찬송을 받으시기에 합당하도다 하더라 내가 또 들으니 하늘 위에와 땅 위에와 땅 아래와 바다 위에와 또 그 가운데 모든 피조물이 이르되 보좌에 앉으신 이와 어린 양에게 찬송과 존귀와 영광과 권능을 세세토록 돌릴지어다 하니 네 생물이 이르되 아멘 하고 장로들은 엎드려 경배하더라"(요한계시록 5:11~14).

기도: "예수님, 저의 생각과 말과 행동으로 당신께 영광을 돌리고 당신을 사랑하기를 원합니다."

74일

하나님의 연단과 훈련을 감사하라

우리가 겪는 모든 어려움과 고뇌가 하나님으로부터 오는 것은 아니지만, 어떤 경우에는 하나님께서 우리를 훈련시키시기 위해서 힘든 상황을 허락하십니다.

"여호와여 주께서 이 나라를 더 크게 하셨고 이 나라를 더 크게 하셨나이다 스스로 영광을 얻으시고 이 땅의 모든 경계를 확장하셨나이다 여호와여 그들이 환난 중에 주를 앙모하였사오며 주의 징벌이 그들에게 임할 때에 그들이 간절히 주께 기도하였나이다 여호와여 잉태한 여인이 산기가 임박하여 산고를 겪으며 부르짖음 같이 우리가 주 앞에서 그와 같으니이다" (이사야 26:15~17).

이스라엘 사람들이 하나님께 등을 돌렸을 때, 하나님께서 그들에게 벌을 주시고 연단과 훈련을 시키셨습니다. 주님은 우리를 사랑하셔서 우리가 잘못된 길을 걸을 때 우리를 연단하시고 훈련시키십니다. 그분은 우리가 주님께로 돌아와서 옳은 삶을 살기를 가르치시는 것입니다.

"또 아들들에게 권하는 것 같이 너희에게 권면하신 말씀도 잊었도다 일렀으되 내 아들아 주의 징계하심을 경히 여기지 말며 그에게 꾸지람을 받을 때에 낙심하지 말라 주께서 그 사랑하시는 자를 징계하시고 그가 받아들이시는 아들마다 채찍질하심이라 하였으니 너희가 참음은 징계를 받기 위함이라 하나님이 아들과 같이 너희를 대우하시나니…하나님은 우리의 유익을 위하여 그의 거룩하심에 참여하게 하시느니라 무릇 징계가 당시에는 즐거워 보이지 않고 슬퍼 보이나 후에 그로 말미암아 연단 받은 자들은 의와 평강의 열매를 맺느니라" (히브리서 12:5~11).

기도: "주님, 제가 성결한 삶을 살도록 도와 주세요."

75일

하나님의 말씀 안에서 기뻐하라

"대저 이는 패역한 백성이요 거짓말 하는 자식들이요 여호와의 법을 듣기 싫어하는 자식들이라 그들이 선견자들에게 이르기를 선견하지 말라 선지자들에게 이르기를 우리에게 바른 것을 보이지 말라 우리에게 부드러운 말을 하라 거짓된 것을 보이라 너희는 바른 길을 버리며 첩경에서 돌이키라 이스라엘의 거룩하신 이를 우리 앞에서 떠나시게 하라 하는도다 이러므로 이스라엘의 거룩하신 이가 이같이 말씀하시되 너희가 이 말을 업신여기고 압박과 허망을 믿어 그것을 의지하니 이 죄악이 너희에게 마치 무너지려고 터진 담이 불쑥 나와 순식간에 무너짐 같게 되리라 하셨은즉 그가 이 나라를 무너뜨리시되 토기장이가 그릇을 깨뜨림 같이 아낌이 없이 부수시리니 그 조각 중에서, 아궁이에서 불을 붙이거나 물 웅덩이에서 물을 뜰 것도 얻지 못하리라...너희가 돌이켜 조용히 있어야 구원을 얻을 것이요 잠잠하고 신뢰하여야 힘을 얻을 것이거늘 너희가 원하지 아니하고 이르기를 아니라 우리가 말 타고 도망하리라 하였으므로 너희가 도망할 것이요...너희를 쫓는 자들이 빠르리니 한 사람이 꾸짖은즉 천 사람이 도망하겠고 다섯이 꾸짖은즉 너희가 다 도망하고 너희 남은 자는 겨우 산 꼭대기의 깃대 같겠고 산마루 위의 기치 같으리라 하셨느니라" (이사야 30:9~17).

하나님은 그분의 메세지를 들으려 하지 않는 사람들을 기뻐하지 않으십니다. 주님은 그분의 말씀 안에서 우리가 기뻐하기를 원하십니다. 그분은 우리가 회개하고 고난이 아닌 평온을 갖기를 원하십니다.

기도: "예수님, 당신을 사랑합니다. 당신께 집중하고 말씀 안에서 기뻐하도록 인도해 주세요."

76일

주님은 우리에게 응답하신다

"그러나 여호와께서 기다리시나니 이는 너희에게 은혜를 베풀려 하심이요 일어나시리니 이는 너희를 긍휼히 여기려 하심이라 대저 여호와는 정의의 하나님이심이라 그를 기다리는 자마다 복이 있도다 시온에 거주하며 예루살렘에 거주하는 백성아 너는 다시 통곡하지 아니할 것이라 그가 네 부르짖는 소리로 말미암아 네게 은혜를 베푸시되 그가 들으실 때에 네게 응답하시리라 주께서 너희에게 환난의 떡과 고생의 물을 주시나 네 스승은 다시 숨기지 아니하시리니 네 눈이 네 스승을 볼 것이며 너희가 오른쪽으로 치우치든지 왼쪽으로 치우치든지 네 뒤에서 말소리가 네 귀에 들려 이르기를 이것이 바른 길이니 너희는 이리로 가라 할 것이며 또 너희가 너희 조각한 우상에 입힌 은과 부어 만든 우상에 올린 금을 더럽게 하여 불결한 물건을 던짐 같이 던지며 이르기를 나가라 하리라 네가 땅에 뿌린 종자에 주께서 비를 주사 땅이 먹을 것을 내며 곡식이 풍성하고 기름지게 하실 것이며 그 날에 네 가축이 광활한 목장에서 먹을 것이요" (이사야 30:18~23).

불운과 고통을 겪어 본 적이 있습니까? 우리 모두가 겪어 보았을 것이라고 생각합니다. 때론, 주님께서 우리에게 겸손을 가르치시기 위하여 어려운 환경이나 고통스러운 역경을 허락하실 때도 있습니다. 그런 와중에, 우리는 그분의 사랑과 자비와 긍휼을 경험하게 됩니다. 우리가 하나님께 외치고 기다리면 우리를 도와주실 것입니다. 그분께서 오실 때에는 우리에게 평온함을 주시며, 치유해 주시고, 문제를 어떻게 풀어야 할지 지도해 주실 수 있습니다.

기도: "주님, 어려운 역경을 잘 이겨내는 지혜를 주시고 저의 아픔과 고통에서 치유함을 받기 원합니다."

77일

하나님은 그분의 사람들을 방어하신다

　히스기야 왕은 그의 고통속에서 하나님께 도움을 청했고 하나님은 그의 기도를 응답해 주셨습니다. "여호와께 기도하여 이르되 그룹 사이에 계신 이스라엘 하나님 만군의 여호와 여 주는 천하 만국에 유일하신 하나님이시라 주께서 천지를 만드셨나이다 여호와여 귀를 기울여 들으시옵소서 여호와여 눈을 뜨고 보시옵소서 산헤립이 사람을 보내어 살아 계시는 하나님을 훼방한 모든 말을 들으시옵소서 여호와여 앗수르 왕들이 과연 열국과 그들의 땅을 황폐하게 하였고 그들의 신들을 불에 던졌사오나 그들은 신이 아니라 사람의 손으로 만든 것일 뿐이요…이제 우리를 그의 손에서 구원하사 천하 만국이 주만이 여호와이신 줄을 알게 하옵소서 하니라 아모스의 아들 이사야가 사람을 보내어 히스기야에게 이르되 이스라엘의 하나님 여호와께서 말씀하시되 네가 앗수르의 산헤립 왕의 일로 내게 기도하였도다 하시고…여호와께서 앗수르 왕에 대하여 이같이 이르시되 그가 이 성에 이르지 못하며 화살 하나도 이리로 쏘지 못하며 방패를 가지고 성에 가까이 오지도 못하며 흉벽을 쌓고 치지도 못할 것이요 그가 오던 길 곧 그 길로 돌아가고 이 성에 이르지 못하리라…여호와의 사자가 나가서 앗수르 진중에서 십팔만 오천인을 쳤으므로 아침에 일찍이 일어나 본즉 시체뿐이라 이에 앗수르의 산헤립 왕이 떠나 돌아가서 니느웨에 거주하더니 자기 신 니스록의 신전에서 경배할 때에 그의 아들 아드람멜렉과 사레셀이 그를 칼로 죽이고 아라랏 땅으로 도망하였으므로 그의 아들 에살핫돈이 이어 왕이 되니라" (이사야 37:15~38).

　기도: "예수님, 남들이 저를 오해하여 잘못 대우할 때 당신의 사랑과 능력으로 저를 보호해 주세요."

78일

위로를 주시는 주님

하나님은 우리를 사랑하시므로 우리가 죄중에 놓여올지라도 도와 주실 계획을 갖고 계십니다. 이사야는 예수님께서 오시는 길을 예비할 세례 요한에 대해서 예언을 했습니다.

"너희의 하나님이 이르시되 너희는 위로하라 내 백성을 위로하라 너희는 예루살렘의 마음에 닿도록 말하며 그것에게 외치라 그 노역의 때가 끝났고 그 죄악이 사함을 받았느니라 그의 모든 죄로 말미암아 여호와의 손에서 벌을 배나 받았느니라 할지니라 하시니라 외치는 자의 소리여 이르되 너희는 광야에서 여호와의 길을 예비하라 사막에서 우리 하나님의 대로를 평탄하게 하라 골짜기마다 돋우어지며 산마다, 언덕마다 낮아지며 고르지 아니한 곳이 평탄하게 되며 험한 곳이 평지가 될 것이요 여호와의 영광이 나타나고 모든 육체가 그것을 함께 보리라 이는 여호와의 입이 말씀하셨느니라" (이사야 40:1~5).

"그 때에 세례 요한이 이르러 유대 광야에서 전파하여 말하되 회개하라 천국이 가까이 왔느니라 하였으니 그는 선지자 이사야를 통하여 말씀하신 자라 일렀으되 광야에 외치는 자의 소리가 있어 이르되 너희는 주의 길을 준비하라 그가 오실 길을 곧게 하라 하였느니라 이 요한은 낙타털 옷을 입고 허리에 가죽 띠를 띠고 음식은 메뚜기와 석청이었더라 이 때에 예루살렘과 온 유대와 요단 강 사방에서 다 그에게 나아와 자기들의 죄를 자복하고 요단 강에서 그에게 세례를 받더니" (마태복음 3:1~6). 하나님의 사랑의 계획은 우리가 회개하고 그분에게 돌아가는 것입니다. 세례 요한이 그 일을 했습니다.

기도: "주님, 제가 정결한 마음을 갖도록 회개의 영을 부어 주세요."

79일

주님은 우리의 목자이시다

"말하는 자의 소리여 이르되 외치라 대답하되 내가 무엇이라 외치리이까 하니 이르되 모든 육체는 풀이요 그의 모든 아름다움은 들의 꽃과 같으니 풀은 마르고 꽃이 시듦은 여호와의 기운이 그 위에 붊이라 이 백성은 실로 풀이로다 풀은 마르고 꽃은 시드나 우리 하나님의 말씀은 영원히 서리라 하라 아름다운 소식을 시온에 전하는 자여 너는 높은 산에 오르라 아름다운 소식을 예루살렘에 전하는 자여 너는 힘써 소리를 높이라 두려워하지 말고 소리를 높여 유다의 성읍들에게 이르기를 너희의 하나님을 보라 하라 보라 주 여호와께서 장차 강한 자로 임하실 것이요 친히 그의 팔로 다스리실 것이라 보라 상급이 그에게 있고 보응이 그의 앞에 있으며 그는 목자 같이 양 떼를 먹이시며 어린 양을 그 팔로 모아 품에 안으시며 젖먹이는 암컷들을 온순히 인도하시리로다" (이사야 40:6~11).

우리의 몸은 약하나 영은 영원히 삽니다. 우리는 우리의 영혼을 돌볼 필요가 있습니다. 이사야는 목자와 같이 사람들을 돌보시는 예수님에 대한 예언을 했습니다. 우리는 들의 꽃과 풀처럼 약할지라도, 주님은 우리를 사랑으로써 돌보십니다. 예수님은 우리를 그분의 팔에 안아서 인도하시고 그분의 마음을 알 수 있도록 인도하십니다. 우리가 벌을 받아 마땅할 때라도 회개하면 사랑으로써 용서해 주십니다. 예수님의 사랑을 알면 알 수록 우리는 그분을 사랑할 수밖에 없습니다.

기도: "주님, 당신이 저를 어떻게 돌보시고 얼마나 사랑하시는지 하나님의 말씀을 통하여 더욱 더 깨닫도록 해주세요."

80일

하나님 안에 희망을 두어라

"야곱아 어찌하여 네가 말하며 이스라엘아 네가 이르기를 내 길은 여호와께 숨겨졌으며 내 송사는 내 하나님에게서 벗어난다 하느냐 너는 알지 못하였느냐 듣지 못하였느냐 영원하신 하나님 여호와, 땅 끝까지 창조하신 이는 피곤하지 않으시며 곤비하지 않으시며 명철이 한이 없으시며 피곤한 자에게는 능력을 주시며 무능한 자에게는 힘을 더하시나니 소년이라도 피곤하며 곤비하며 장정이라도 넘어지며 쓰러지되 오직 여호와를 앙망하는 자는 새 힘을 얻으리니 독수리가 날개치며 올라감 같을 것이요 달음박질하여도 곤비하지 아니하겠고 걸어가도 피곤하지 아니하리로다" (이사야 40:27~31).

"두려워하지 말라 내가 너와 함께 함이라 놀라지 말라 나는 네 하나님이 됨이라 내가 너를 굳세게 하리라 참으로 너를 도와 주리라 참으로 나의 의로운 오른손으로 너를 붙들리라 보라 네게 노하던 자들이 수치와 욕을 당할 것이요 너와 다투는 자들이 아무것도 아닌 것 같이 될 것이며 멸망할 것이라 네가 찾아도 너와 싸우던 자들을 만나지 못할 것이요 너를 치는 자들은 아무것도 아닌 것 같고 허무한 것 같이 되리니 이는 나 여호와 너의 하나님이 네 오른손을 붙들고 네게 이르기를 두려워하지 말라 내가 너를 도우리라 할 것임이니라" (이사야 41:10~13).

하나님은, 모든 것을 창조하시고 또 우리의 약한 점을 아시고, 우리의 불평을 들으시고 힘을 주십니다. 우리가 힘들 때에, 하나님은 돌보고 계십니다. 그분은 우리를 깊이 사랑하시고 우리를 도와 주시는 능력이 있으십니다.

기도: "예수님, 저의 희망은 온종일 당신 안에 있습니다. 당신의 사랑과 격려에 감사 드립니다."

81일

하나님께 도움을 청하라

"가련하고 가난한 자가 물을 구하되 물이 없어서 갈증으로 그들의 혀가 마를 때에 나 여호와가 그들에게 응답하겠고 나 이스라엘의 하나님이 그들을 버리지 아니할 것이라 내가 헐벗은 산에 강을 내며 골짜기 가운데에 샘이 나게 하며 광야가 못이 되게 하며 마른 땅이 샘 근원이 되게 할 것이며 내가 광야에는 백향목과 싯딤 나무와 화석류와 들감람나무를 심고 사막에는 잣나무와 소나무와 황양목을 함께 두리니 무리가 보고 여호와의 손이 지으신 바요 이스라엘의 거룩한 이가 이것을 창조하신 바인 줄 알며 함께 헤아리며 깨달으리라" (이사야 41:17~20).

하나님은 굶주리고 어려운 사람들의 외치는 소리를 들으십니다. 그분은 우리를 사랑하시기에 우리의 외침과 기도를 들으십니다. 그분은 하나님께 귀 기울이는 다른 사람들을 통해서 우리의 필요를 돌보실 수도 있습니다. 또 그분의 마음을 우리와 나누셔서 우리가 고통속에 있는 다른 사람들을 도울 수 있게 하십니다. 우리는 주님께 귀 기울여서 굶주리고 어려운 사람들을 신체적으로뿐만 아니라 영적으로도 먹이고 보살필 수 있습니다. 하나님이 지금 돌보시고 계신다고 느끼십니까? 만일 아직도 도움을 기다리고 있다면, 계속 기도하며 기다리십시오. 어떤 때는 즉시 응답을 얻지 못하지만, 그분은 듣고 계십니다. 그분의 뜻대로 도움이 올 것입니다. 그분은 당신을 돕기 위해 다른 사람을 들어 올리시거나, 아니면 다른 사람을 돕기 위해 당신을 들어 올리실지도 모릅니다.

기도: "예수님, 제가 다른 사람들의 아픔을 이해하고 도와줄 수 있는 사랑을 주세요."

82일

어둠에서 우리를 구하시는 주님

여기에 메시야에 대한 예언이 있습니다. "내가 붙드는 나의 종, 내 마음에 기뻐하는 자 곧 내가 택한 사람을 보라 내가 나의 영을 그에게 주었은즉 그가 이방에 정의를 베풀리라 그는 외치지 아니하며 목소리를 높이지 아니하며 그 소리를 거리에 들리게 하지 아니하며 상한 갈대를 꺾지 아니하며 꺼져가는 등불을 끄지 아니하고 진실로 정의를 시행할 것이며 그는 쇠하지 아니하며 낙담하지 아니하고 세상에 정의를 세우기에 이르리니 섬들이 그 교훈을 앙망하리라 하늘을 창조하여 펴시고 땅과 그 소산을 내시며 땅 위의 백성에게 호흡을 주시며 땅에 행하는 자에게 영을 주시는 하나님 여호와께서 이같이 말씀하시되 나 여호와가 의로 너를 불렀은즉 내가 네 손을 잡아 너를 보호하며 너를 세워 백성의 언약과 이방의 빛이 되게 하리니 네가 눈먼 자들의 눈을 밝히며 갇힌 자를 감옥에서 이끌어 내며 흑암에 앉은 자를 감방에서 나오게 하리라"(이사야 42:1~7).

마태는 예수님이 이 예언을 완성했다고 말합니다. "이는 선지자 이사야를 통하여 말씀하신 바 보라 내가 택한 종 곧 내 마음에 기뻐하는 바 내가 사랑하는 자로다 내가 내 영을 그에게 줄 터이니 그가 심판을 이방에 알게 하리라 그는 다투지도 아니하며 들레지도 아니하리니 아무도 길에서 그 소리를 듣지 못하리라 상한 갈대를 꺾지 아니하며 꺼져가는 심지를 끄지 아니하기를 심판하여 이길 때까지 하리니 또한 이방들이 그의 이름을 바라리라 함을 이루려 하심이니라"(마태복음 12:17~21). 예수님은 아파하는 사람들을 사랑하시고 치유하십니다. 마음이 아프다면 치유를 청할 때입니다.

기도: "주님, 제 상처를 주님의 능력으로 치유해 주세요."

83일

하나님은 우리를 도와주실 것이다

"야곱아 너를 창조하신 여호와께서 지금 말씀하시느니라 이스라엘아 너를 지으신 이가 말씀하시느니라 너는 두려워하지 말라 내가 너를 구속하였고 내가 너를 지명하여 불렀나니 너는 내 것이라 네가 물 가운데로 지날 때에 내가 너와 함께 할 것이라 강을 건널 때에 물이 너를 침몰하지 못할 것이며 네가 불 가운데로 지날 때에 타지도 아니할 것이요 불꽃이 너를 사르지도 못하리니 대저 나는 여호와 네 하나님이요 이스라엘의 거룩한 이요 네 구원자임이라 내가 애굽을 너의 속량물로, 구스와 스바를 너를 대신하여 주었노라 네가 내 눈에 보배롭고 존귀하며 내가 너를 사랑하였은즉…두려워하지 말라…내 이름으로 불려지는 모든 자 곧 내가 내 영광을 위하여 창조한 자를 오게 하라 그를 내가 지었고 그를 내가 만들었느니라 눈이 있어도 보지 못하고 귀가 있어도 듣지 못하는 백성을 이끌어 내라 열방은 모였으며 민족들이 회집하였는데 그들 중에 누가 이 일을 알려 주며 이전 일들을 우리에게 들려 주겠느냐 그들이 그들의 증인을 세워서 자기들의 옳음을 나타내고 듣는 자들이 옳다고 말하게 하여 보라 나 여호와가 말하노라 너희는 나의 증인, 나의 종으로 택함을 입었나니 이는 너희가 나를 알고 믿으며 내가 그인 줄 깨닫게 하려 함이라 나의 전에 지음을 받은 신이 없었느니라 나의 후에도 없으리라 나 곧 나는 여호와라 나 외에 구원자가 없느니라" (이사야 43:1~11).

이 말씀은 이스라엘 사람들을 위한 것이고 또 하나님을 믿고 예수님을 그들의 구주로 믿는 사람들을 위한 말씀입니다.

기도: "주님, 당신은 저의 구주이시고 제게 희망을 주셨습니다. 제가 불속을 지날 때에 도와 주신 것 감사 드립니다."

84일

하나님을 부르기

"보라 내가 새 일을 행하리니 이제 나타낼 것이라 너희가 그것을 알지 못하겠느냐 반드시 내가 광야에 길을 사막에 강을 내리니 장차 들짐승 곧 승냥이와 타조도 나를 존경할 것은 내가 광야에 물을, 사막에 강들을 내어 내 백성, 내가 택한 자에게 마시게 할 것임이라 이 백성은 내가 나를 위하여 지었나니 나를 찬송하게 하려 함이니라 그러나 야곱아 너는 나를 부르지 아니하였고 이스라엘아 너는 나를 괴롭게 여겼으며 네 번제의 양을 내게로 가져오지 아니하였고 네 제물로 나를 공경하지 아니하였느니라 나는 제물로 말미암아 너를 수고롭게 하지 아니하였고 유향으로 말미암아 너를 괴롭게 하지 아니하였거늘 너는 나를 위하여 돈으로 향품을 사지 아니하며 희생의 기름으로 나를 흡족하게 하지 아니하고 네 죄짐으로 나를 수고롭게 하며 네 죄악으로 나를 괴롭게 하였느니라 나 곧 나는 나를 위하여 네 허물을 도말하는 자니 네 죄를 기억하지 아니하리라" (이사야 43:19~25).

하나님은 찬양을 받기 원하셔서 우리들을 창조하셨습니다. 그분은 우리를 돌보시기에 우리가 그분을 찾기를 원하십니다. 하나님은 이스라엘 사람들이 그분을 찾지 않았기에 기쁘지 않으셨습니다. 이스라엘 사람들은 그들의 죄와 반항으로 하나님을 힘들게 했습니다. 우리는 어떤가요? 우리는 죄를 통회하며 하나님을 찾습니까? 그렇지 않다면, 우리는 주님을 슬프게 하는 것입니다. 그러나 하나님은 우리를 너무 사랑하시어 회개하면 용서하실 것입니다. 하나님께로 나아가 우리의 죄로부터 깨끗함을 받읍시다.

기도: "예수님, 당신을 슬프게 한 죄를 용서해 주세요. 당신의 사랑과 용서에 감사를 드립니다."

85일

하나님의 인내

"나는 여호와라 나 외에 다른 이가 없나니 나 밖에 신이 없느니라 너는 나를 알지 못하였을지라도 나는 네 띠를 동일 것이요 해 뜨는 곳에서든지 지는 곳에서든지 나 밖에 다른 이가 없는 줄을 알게 하리라 나는 여호와라 다른 이가 없느니라 나는 빛도 짓고 어둠도 창조하며 나는 평안도 짓고 환난도 창조하나니 나는 여호와라 이 모든 일들을 행하는 자니라 하였노라 하늘이여 위로부터 공의를 뿌리며 구름이여 의를 부을지어다 땅이여 열려서 구원을 싹트게 하고 공의도 함께 움돋게 할지어다 나 여호와가 이 일을 창조하였느니라 질그릇 조각 중 한 조각 같은 자가 자기를 지으신 이와 더불어 다툴진대 화 있을진저 진흙이 토기장이에게 너는 무엇을 만드느냐 또는 네가 만든 것이 그는 손이 없다 말할 수 있겠느냐 아버지에게는 무엇을 낳았소 하고 묻고 어머니에게는 무엇을 낳으려고 해산의 수고를 하였소 하고 묻는 자는 화 있을진저 이스라엘의 거룩하신 이 곧 이스라엘을 지으신 여호와께서 이같이 이르시되 너희가 장래 일을 내게 물으며 또 내 아들들과 내 손으로 한 일에 관하여 내게 명령하려느냐 내가 땅을 만들고 그 위에 사람을 창조하였으며 내가 내 손으로 하늘을 펴고 하늘의 모든 군대에게 명령하였노라"(이사야 45:5~12).

하나님은 오래 기다리시는 분이라는 사실을 압니까? 그분은 사람들이 그분을 알지 못할 때에라도 도우시는 자비로운 분이십니다. 이것이 사랑입니다. 그 사랑을 우리가 받고도 모르는 때가 많습니다.

기도: "예수님, 당신의 사랑을 더욱 더 깨닫고 당신을 사랑할 수 있게 해주세요."

86일

하나님께 나아가라

"땅의 모든 끝이여 내게로 돌이켜 구원을 받으라 나는 하나님이라 다른 이가 없느니라 내가 나를 두고 맹세하기를 내 입에서 공의로운 말이 나갔은즉 돌아오지 아니하나니 내게 모든 무릎이 꿇겠고 모든 혀가 맹세하리라 하였노라 내게 대한 어떤 자의 말에 공의와 힘은 여호와께만 있나니 사람들이 그에게로 나아갈 것이라 무릇 그에게 노하는 자는 부끄러움을 당하리라" (이사야 45:22~24).

하나님은 우리를 너무 사랑하셔서 그분께 나아가 구원받도록 우리를 부르십니다. 예수님만이 우리를 구원하실 수 있는 분입니다. 베드로는 우리에게 말합니다. "다른 이로써는 구원을 받을 수 없나니 천하 사람 중에 구원을 받을 만한 다른 이름을 우리에게 주신 일이 없음이라 하였더라" (사도행전 4:12). "너희 안에 이 마음을 품으라 곧 그리스도 예수의 마음이니 그는 근본 하나님의 본체시나 하나님과 동등됨을 취할 것으로 여기지 아니하시고 오히려 자기를 비워 종의 형체를 가지사 사람들과 같이 되셨고 사람의 모양으로 나타나사 자기를 낮추시고 죽기까지 복종하셨으니 곧 십자가에 죽으심이라 이러므로 하나님이 그를 지극히 높여 모든 이름 위에 뛰어난 이름을 주사 하늘에 있는 자들과 땅에 있는 자들과 땅 아래에 있는 자들로 모든 무릎을 예수의 이름에 꿇게 하시고 모든 입으로 예수 그리스도를 주라 시인하여 하나님 아버지께 영광을 돌리게 하셨느니라" (빌립보서 2:5~11).

기도: "예수님, 제가 당신께 나아갑니다. 저를 구원해 주시고 당신과 사랑의 관계를 깊이 맺도록 인도해 주세요."

87일

하나님이 주시는 평온함

하나님과 어떤관계를 가졌느냐에 따라서, 우리는 평온함을 가질 수도 있고 혼란스러울 수도 있습니다.

"너희의 구속자시요 이스라엘의 거룩하신 이이신 여호와께서 이르시되 나는 네게 유익하도록 가르치고 너를 마땅히 행할 길로 인도하는 네 하나님 여호와라 네가 나의 명령에 주의하였더라면 네 평강이 강과 같았겠고 네 공의가 바다 물결 같았을 것이며 네 자손이 모래 같았겠고 네 몸의 소생이 모래알 같아서 그의 이름이 내 앞에서 끊어지지 아니하였겠고 없어지지 아니하였으리라 하셨느니라…여호와께서 말씀하시되 악인에게는 평강이 없다 하셨느니라" (이사야 48:17~22).

하나님의 명령을 듣고 순종하는 것은 그분과 가까운 사랑의 관계를 유지하는데 중요합니다. 그분은 우리의 평온함의 원천입니다. 바울은 말합니다, "하나님께서 각 사람에게 그 행한 대로 보응하시되 참고 선을 행하여 영광과 존귀와 썩지 아니함을 구하는 자에게는 영생으로 하시고 오직 당을 지어 진리를 따르지 아니하고 불의를 따르는 자에게는 진노와 분노로 하시리라 악을 행하는 각 사람의 영에는 환난과 곤고가 있으리니 먼저는 유대인에게요 그리고 헬라인에게며 선을 행하는 각 사람에게는 영광과 존귀와 평강이 있으리니 먼저는 유대인에게요 그리고 헬라인에게라 이는 하나님께서 외모로 사람을 취하지 아니하심이라" (로마서 2:6~11).

만일 우리 마음속에 하나님이 주시는 평온함이 없다면, 주님의 도움을 청해야 합니다. 왜 평온함이 없는지도 물어보십시오. 주님은 우리에게 평온함을 주시기 원합니다.

기도: "예수님, 당신이 주시는 평온함을 갖게 해주세요. 회개해야 할 것이 있다면 회개하게 도와 주세요."

88일

하나님의 은총

하나님께 은총을 받은 사람들이 있습니다. "여호와께서 이같이 이르시되 은혜의 때에 내가 네게 응답하였고 구원의 날에 내가 너를 도왔도다 내가 장차 너를 보호하여 너를 백성의 언약으로 삼으며 나라를 일으켜 그들에게 그 황무하였던 땅을 기업으로 상속하게 하리라 내가 잡혀 있는 자에게 이르기를 나오라 하며 흑암에 있는 자에게 나타나라 하리라…그들을 긍휼히 여기는 이가 그들을 이끌되 샘물 근원으로 인도할 것임이라 내가 나의 모든 산을 길로 삼고 나의 대로를 돋우리니…하늘이여 노래하라 땅이여 기뻐하라 산들이여 즐거이 노래하라 여호와께서 그의 백성을 위로하셨은즉 그의 고난 당한 자를 긍휼히 여기실 것임이라 오직 시온이 이르기를 여호와께서 나를 버리시며 주께서 나를 잊으셨다 하였거니와 여인이 어찌 그 젖 먹는 자식을 잊겠으며 자기 태에서 난 아들을 긍휼히 여기지 않겠느냐 그들은 혹시 잊을지라도 나는 너를 잊지 아니할 것이라 내가 너를 내 손바닥에 새겼고 너의 성벽이 항상 내 앞에 있나니"(이사야 49:8~16).

당신은 하나님께 은총을 받은 사람이라고 느낀 적이 있습니까? 하나님은 모든 사람을 사랑하시며, 또한 특정한 사람들에게 은총을 베푸실 때가 있습니다. 예수님을 믿는 사람들은 은총을 받은 사람들입니다. 우리의 기도에 응답은 그분이 은총을 보여주시는 것입니다. 그분은 우리를 도와 주시고, 보호하시고, 회복시키실 것입니다. 우리는 용서 받았고, 구원되었고, 성령님이 인도하십니다. 천국의 희망을 가지고 살 수 있다는 것과 하나님의 평온함과 기쁨과 영적인 분별력 등이 하나님의 은총입니다.

기도: "주님, 당신의 사랑과 은총에 감사 드립니다."

89일

하나님의 위대한 사랑

"이르시되 너희를 위로하는 자는 나 곧 나이니라 너는 어떠한 자이기에 죽을 사람을 두려워하며 풀 같이 될 사람의 아들을 두려워하느냐 하늘을 펴고 땅의 기초를 정하고 너를 지은 자 여호와를 어찌하여 잊어버렸느냐 너를 멸하려고 준비하는 저 학대자의 분노를 어찌하여 항상 종일 두려워하느냐 학대자의 분노가 어디 있느냐 결박된 포로가 속히 놓일 것이니 죽지도 아니할 것이요 구덩이로 내려가지도 아니할 것이며 그의 양식이 부족하지도 아니하리라 나는 네 하나님 여호와라 바다를 휘저어서 그 물결을 뒤흔들게 하는 자이니 그의 이름은 만군의 여호와니라" (이사야 51:12~15).

사람들을 두려워합니까? 하나님의 위대한 사랑을 깨달아야 할 시간입니다. 바울은 많은 어려움을 겪었지만 하나님의 사랑을 항상 의지했습니다.

"그런즉 이 일에 대하여 우리가 무슨 말 하리요 만일 하나님이 우리를 위하시면 누가 우리를 대적하리요 자기 아들을 아끼지 아니하시고 우리 모든 사람을 위하여 내주신 이가 어찌 그 아들과 함께 모든 것을 우리에게 주시지 아니하겠느냐 누가 능히 하나님께서 택하신 자들을 고발하리요 의롭다 하신 이는 하나님이시니 누가 정죄하리요 죽으실 뿐 아니라 다시 살아나신 이는 그리스도 예수시니 그는 하나님 우편에 계신 자요 우리를 위하여 간구하시는 자시니라 누가 우리를 그리스도의 사랑에서 끊으리요 환난이나 곤고나 박해나 기근이나 적신이나 위험이나 칼이랴" (로마서 8:31~35).

기도: "예수님, 제가 어떤 것도 두려워하지 않고 당신의 사랑에 대한 확신을 가지도록 도와 주세요."

90일

주님의 복음을 전하라

이사야는 하나님의 좋은 소식을 전하는 사람들의 발걸음이 아름답다고 했습니다. "좋은 소식을 전하며 평화를 공포하며 복된 좋은 소식을 가져오며 구원을 공포하며 시온을 향하여 이르기를 네 하나님이 통치하신다 하는 자의 산을 넘는 발이 어찌 그리 아름다운가 네 파수꾼들의 소리로다 그들이 소리를 높여 일제히 노래하니 이는 여호와께서 시온으로 돌아오실 때에 그들의 눈이 마주 보리로다 너 예루살렘의 황폐한 곳들아 기쁜 소리를 내어 함께 노래할지어다 이는 여호와께서 그의 백성을 위로하셨고 예루살렘을 구속하셨음이라 여호와께서 열방의 목전에서 그의 거룩한 팔을 나타내셨으므로 땅 끝까지도 모두 우리 하나님의 구원을 보았도다 너희는 떠날지어다 떠날지어다 거기서 나오고 부정한 것을 만지지 말지어다 그 가운데에서 나올지어다 여호와의 기구를 메는 자들이여 스스로 정결하게 할지어다 여호와께서 너희 앞에서 행하시며 이스라엘의 하나님이 너희 뒤에서 호위하시리니 너희가 황급히 나오지 아니하며 도망하듯 다니지 아니하리라 보라 내 종이 형통하리니 받들어 높이 들려서 지극히 존귀하게 되리라" (이사야 52:7~13).

우리들도 주님의 좋은 소식을 전하는 아름다운 발걸음이 되면 주님은 기뻐하실 것입니다. 예수님은 말씀하셨습니다. "그런즉 너희는 먼저 그의 나라와 그의 의를 구하라 그리하면 이 모든 것을 너희에게 더하시리라 그러므로 내일 일을 위하여 염려하지 말라 내일 일은 내일이 염려할 것이요 한 날의 괴로움은 그 날로 족하니라" (마태복음 6:33~34).

기도: "예수님, 제가 주님의 소망의 복음의 소식을 기쁨으로 전할 수 있게 기회를 주세요."

91일

그분은 우리를 위해서 짓밟히셨다

이사야는 우리를 너무 사랑하셔서 우리를 위해 고통을 당하실 구세주에 대해 예언했습니다.

"우리가 전한 것을 누가 믿었느냐 여호와의 팔이 누구에게 나타났느냐 그는 주 앞에서 자라나기를 연한 순 같고 마른 땅에서 나온 뿌리 같아서 고운 모양도 없고 풍채도 없은즉 우리가 보기에 흠모할 만한 아름다운 것이 없도다 그는 멸시를 받아 사람들에게 버림 받았으며 간고를 많이 겪었으며 질고를 아는 자라 마치 사람들이 그에게서 얼굴을 가리는 것 같이 멸시를 당하였고 우리도 그를 귀히 여기지 아니하였도다 그는 실로 우리의 질고를 지고 우리의 슬픔을 당하였거늘 우리는 생각하기를 그는 징벌을 받아 하나님께 맞으며 고난을 당한다 하였노라 그가 찔림은 우리의 허물 때문이요 그가 상함은 우리의 죄악 때문이라 그가 징계를 받으므로 우리는 평화를 누리고 그가 채찍에 맞으므로 우리는 나음을 받았도다 우리는 다 양 같아서 그릇 행하여 각기 제 길로 갔거늘 여호와께서는 우리 모두의 죄악을 그에게 담당시키셨도다 그가 곤욕을 당하여 괴로울 때에도 그의 입을 열지 아니하였음이여 마치 도수장으로 끌려 가는 어린 양과 털 깎는 자 앞에서 잠잠한 양 같이 그의 입을 열지 아니하였도다" (이사야 53:1~7).

이사야가 묘사하신 이분은 곧 예수 그리스도, 사람들에게 멸시당하고, 우리들의 죄를 대신하여 십자가에서 기꺼이 돌아가신 분입니다. 이것은 위대한 사랑입니다! 우리는 그분의 사랑에 빚진 사람들입니다.

기도: "주님 저를 대신해서 고통을 받으신 당신의 위대한 사랑에 감사 드립니다."

92일

예수님은 우리의 속건제물이시다

이사야는 우리의 죄로 인해 고통당하실 구세주를 묘사했습니다. 주님의 사랑을 말해주는 성경말씀입니다. "그는 곤욕과 심문을 당하고 끌려 갔으나 그 세대 중에 누가 생각하기를 그가 살아 있는 자들의 땅에서 끊어짐은 마땅히 형벌 받을 내 백성의 허물 때문이라 하였으리요 그는 강포를 행하지 아니하였고 그의 입에 거짓이 없었으나 그의 무덤이 악인들과 함께 있었으며 그가 죽은 후에 부자와 함께 있었도다 여호와께서 그에게 상함을 받게 하시기를 원하사 질고를 당하게 하셨은즉 그의 영혼을 속건제물로 드리기에 이르면 그가 씨를 보게 되며 그의 날은 길 것이요 또 그의 손으로 여호와께서 기뻐하시는 뜻을 성취하리로다" (이사야 53:8~10).

"이 일을 생각할 때에 주의 사자가 현몽하여 이르되 다윗의 자손 요셉아 네 아내 마리아 데려오기를 무서워하지 말라 그에게 잉태된 자는 성령으로 된 것이라 아들을 낳으리니 이름을 예수라 하라 이는 그가 자기 백성을 그들의 죄에서 구원할 자이심이라 하니라" (마태복음 1:20~21). "죄의 삯은 사망이요 하나님의 은사는 그리스도 예수 우리 주 안에 있는 영생이니라" (로마서 6:23).

하나님은 의로우심으로 죄인들을 벌해야만 합니다. 예수님은 우리들을 죄에서 해방시키셨습니다. 우리 모두는 죄인이기에 하나님의 노여움에서 우리를 구원하기 위하여, 예수님은 우리의 죄를 대신해서 십자가에서 돌아가셨습니다. 예수님은 우리의 속건제물이 되셨습니다.

기도: "예수님, 저를 사랑하셔서 제 죄의 대가를 치루어 주심에 감사합니다. 저도 당신을 사랑하여 주님께서 원하시는 일들을 할 수 있게 도와 주세요."

93일

예수님은 우리를 위해 기도하신다

이사야의 구세주가 죄인들을 위해 기도할 것을 예언했습니다. "그가 자기 영혼의 수고한 것을 보고 만족하게 여길 것이라 나의 의로운 종이 자기 지식으로 많은 사람을 의롭게 하며 또 그들의 죄악을 친히 담당하리로다 그러므로 내가 그에게 존귀한 자와 함께 몫을 받게 하며 강한 자와 함께 탈취한 것을 나누게 하리니 이는 그가 자기 영혼을 버려 사망에 이르게 하며 범죄자 중 하나로 헤아림을 받았음이니라 그러나 그가 많은 사람의 죄를 담당하며 범죄자를 위하여 기도하였느니라" (이사야 53:11~12).

"해골이라 하는 곳에 이르러 거기서 예수를 십자가에 못 박고 두 행악자도 그렇게 하니 하나는 우편에, 하나는 좌편에 있더라 이에 예수께서 이르시되 아버지 저들을 사하여 주옵소서 자기들이 하는 것을 알지 못함이니이다 하시더라 그들이 그의 옷을 나눠 제비 뽑을새" (누가복음 23:33~34).

예수님은 그분을 십자가에 못박는 사람들을 위해 기도하셨습니다. 바울은 우리에게 말합니다, "누가 정죄하리요 죽으실 뿐 아니라 다시 살아나신 이는 그리스도 예수시니 그는 하나님 우편에 계신 자요 우리를 위하여 간구하시는 자시니라" (로마서 8:34).

예수님은 우리를 위해 기도하십니다. 우리는 그분의 모범을 따라서 우리를 학대하는 사람들을 위해 용서하고 기도해야 합니다.

기도: "예수님, 저를 위해서 기도해 주심을 감사 드립니다. 저의 마음을 상하게 하고 상처준 사람들을 위해 기도합니다. 그들을 용서해 주세요."

94일

하나님께 귀 기울여라

하나님을 어떻게 사랑할 수 있을까요? 우리는 그분이 우리에게 원하시는 것—그분께 귀 기울이는 것을 할 수 있습니다.

"오호라 너희 모든 목마른 자들아 물로 나아오라 돈 없는 자도 오라 너희는 와서 사 먹되 돈 없이, 값 없이 와서 포도주와 젖을 사라 너희가 어찌하여 양식이 아닌 것을 위하여 은을 달아 주며 배부르게 하지 못할 것을 위하여 수고하느냐 내게 듣고 들을지어다 그리하면 너희가 좋은 것을 먹을 것이며 너희 자신들이 기름진 것으로 즐거움을 얻으리라 너희는 귀를 기울이고 내게로 나아와 들으라 그리하면 너희의 영혼이 살리라 내가 너희를 위하여 영원한 언약을 맺으리니 곧 다윗에게 허락한 확실한 은혜이니라 보라 내가 그를 만민에게 증인으로 세웠고 만민의 인도자와 명령자로 삼았나니" (이사야 55:1~4).

우리들은 사람이나, 물질과 활동에서 행복과 기쁨을 찾으려고 합니다. 이것은 잠시의 기쁨을 줄 수는 있지만, 우리의 영혼을 만족시킬 수는 없습니다. 오로지 살아계신 하나님만이 우리의 텅빈 마음을 채우실 수 있습니다. 우리가 하나님의 말씀에 귀 기울일 때 허전하고 텅빈 마음이 채워질 것입니다. 성경을 읽는 것은 우리의 배고프고 목마른 영혼에게 생명의 양식입니다. 하나님은 여러가지의 다른 언어를 가지셨고 우리에게 여러가지 방법을 통해서 말씀하십니다. 그중의 한가지가 침묵입니다. 모든 생각을 내려놓고 침묵안에서 그분을 음성에 귀 기울이시고 기다리는 것을 배우면 그분의 사랑의 음성을 들을 수 있습니다.

기도: "예수님, 제가 듣고 있습니다. 제게 말씀해 주세요. 당신께서 무엇을 말씀하시기를 원하시는지요?"

95일

회개함으로 하나님을 찾아라

"너희는 여호와를 만날 만한 때에 찾으라 가까이 계실 때에 그를 부르라 악인은 그의 길을, 불의한 자는 그의 생각을 버리고 여호와께로 돌아오라 그리하면 그가 긍휼히 여기시리라 우리 하나님께로 돌아오라 그가 너그럽게 용서하시리라 이는 내 생각이 너희의 생각과 다르며 내 길은 너희의 길과 다름이니라 여호와의 말씀이니라 이는 하늘이 땅보다 높음 같이 내 길은 너희의 길보다 높으며 내 생각은 너희의 생각보다 높음이니라" (이사야 55:6~9).

매일의 삶에서 사랑의 하나님을 찾고 있는지요? 하나님을 찾는데 해야 할 첫번째 일은 회개입니다. 하나님과 가까운 관계를 갖기 위해서 우리는 순결한 마음을 갖는 것이 필요합니다. 일주일을 두고 우리의 삶을 돌이켜 보면서, 하나님께 용서를 청하기 시작하면 이것이 그분을 찾는 여정의 시작이 될 것입니다. 성령님께 회개하도록 도와 달라고 청하면 도와 주시고 우리의 마음을 깨끗하게 해주시고 평안과 기쁨으로 채워 주십니다. 우리가 전심으로 하나님을 사랑하기 위하여, 깨끗한 마음을 가지려고 노력하면 하나님을 기쁘게 해드릴 것입니다. 하나님을 기쁘게 하는 것이 우리의 삶의 주안점이 되어야 합니다. 우리가 성경을 읽는 것, 기도하는 것, 그분을 섬기는 것은 그분을 전심으로 찾으려 하는 것입니다. 하나님께 우리의 마음을 집중하는데 방해하는 것들이 있다면 시간관리를 잘해서 주님을 바라보는 삶을 사는 것이 필요합니다.

기도: "성령님, 제가 주님을 더 가까이 갈 수 있도록 깨끗한 마음을 갖게 회개시켜 주세요. 사랑의 하나님을 내 마음속에 간직할 수 있도록 예수님을 만날 수 있게 해주세요."

96일

사랑을 실천하라

금식은 하나님을 찾는 방법중에 한 부분입니다. 만일 우리가 죄가운데 살며 남들을 학대하고 폭력적인 태도, 말과 행동을 한다면, 우리가 금식을 할지라도, 하나님은 기쁘게 생각하지 않을 것입니다. "크게 외치라 목소리를 아끼지 말라 네 목소리를 나팔 같이 높여 내 백성에게 그들의 허물을, 야곱의 집에 그들의 죄를 알리라 그들이 날마다 나를 찾아 나의 길 알기를 즐거워함이 마치 공의를 행하여 그의 하나님의 규례를 저버리지 아니하는 나라 같아서 의로운 판단을 내게 구하며 하나님과 가까이 하기를 즐거워하는도다 우리가 금식하되 어찌하여 주께서 보지 아니하시오며 우리가 마음을 괴롭게 하되 어찌하여 주께서 알아 주지 아니하시나이까 보라 너희가 금식하는 날에 오락을 구하며 온갖 일을 시키는도다 보라 너희가 금식하면서 논쟁하며 다투며 악한 주먹으로 치는도다 너희가 오늘 금식하는 것은 너희의 목소리를 상달하게 하려는 것이 아니니라 이것이 어찌 내가 기뻐하는 금식이 되겠으며 이것이 어찌 사람이 자기의 마음을 괴롭게 하는 날이 되겠느냐 그의 머리를 갈대 같이 숙이고 굵은 베와 재를 펴는 것을 어찌 금식이라 하겠으며 여호와께 열납될 날이라 하겠느냐" (이사야 58:1~5).

우리가 남들에게 상처주며 학대하고 폭력을 저지를 때는 하나님을 사랑한다고 말할 수 없습니다. 우리가 회개하고 사랑을 실천할 때 하나님이 기뻐하십니다.

기도: "예수님, 제가 친절과, 온화함과 배려심으로 보살핌을 필요로 하는 사람들을 사랑하게 해 주세요. 당신을 기쁘게 해드리는 일을 하기 원합니다. 또 모든 사람들과 좋은 관계를 갖도록 도와 주세요."

97일

하나님이 원하시는 진정한 금식

하나님께서는 진정한 금식이 무엇인지 우리에게 가르치십니다. 진정한 금식은 행동으로써 공의와 사랑을 필요한 이들에게 베푸는 것입니다. "내가 기뻐하는 금식은 흉악의 결박을 풀어 주며 멍에의 줄을 끌러 주며 압제 당하는 자를 자유하게 하며 모든 멍에를 꺾는 것이 아니겠느냐 또 주린 자에게 네 양식을 나누어 주며 유리하는 빈민을 집에 들이며 헐벗은 자를 보면 입히며 또 네 골육을 피하여 스스로 숨지 아니하는 것이 아니겠느냐 그리하면 네 빛이 새벽 같이 비칠 것이며 네 치유가 급속할 것이며 네 공의가 네 앞에 행하고 여호와의 영광이 네 뒤에 호위하리니 네가 부를 때에는 나 여호와가 응답하겠고 네가 부르짖을 때에는 내가 여기 있다 하리라 만일 네가 너희 중에서 멍에와 손가락질과 허망한 말을 제하여 버리고 주린 자에게 네 심정이 동하며 괴로워하는 자의 심정을 만족하게 하면 네 빛이 흑암 중에서 떠올라 네 어둠이 낮과 같이 될 것이며 여호와가 너를 항상 인도하여 메마른 곳에서도 네 영혼을 만족하게 하며 네 뼈를 견고하게 하리니 너는 물 댄 동산 같겠고 물이 끊어지지 아니하는 샘 같을 것이라"(이사야 58: 6~11).

하나님께서는 사랑, 정의, 그리고 병들고 헐벗고 굶주린 이들을 돌보는 의로운 행동들을 기뻐하십니다. 하나님과 사랑의 관계를 가지려면 그분이 기뻐하시는 일을 해야 합니다. 다른 아픈사람들, 압박당하고 있는 사람들, 가난한 사람들, 괴로워하는 사람들을 돕는 것은 하나님이 기뻐하시는 금식과도 같은 것입니다.

기도: "주님, 제가 아프고 괴로운 사람들과 당신의 사랑을 나누게 인도해 주세요."

98일

죄는 우리를 하나님으로부터 갈라놓는다

우리가 하나님을 거역하고 죄된 삶을 살면 하나님과 사랑의 관계를 가질 수 없습니다. "여호와의 손이 짧아 구원하지 못하심도 아니요 귀가 둔하여 듣지 못하심도 아니라 오직 너희 죄악이 너희와 너희 하나님 사이를 갈라 놓았고 너희 죄가 그의 얼굴을 가리어서 너희에게서 듣지 않으시게 함이니라 이는 너희 손이 피에, 너희 손가락이 죄악에 더러워졌으며 너희 입술은 거짓을 말하며 너희 혀는 악독을 냄이라 공의대로 소송하는 자도 없고 진실하게 판결하는 자도 없으며 허망한 것을 의뢰하며 거짓을 말하며 악행을 잉태하여 죄악을 낳으며 독사의 알을 품으며 거미줄을 짜나니 그 알을 먹는 자는 죽을 것이요 그 알이 밟힌즉 터져서 독사가 나올 것이니라 그 짠 것으로는 옷을 이룰 수 없을 것이요 그 행위로는 자기를 가릴 수 없을 것이며 그 행위는 죄악의 행위라 그 손에는 포악한 행동이 있으며 그 발은 행악하기에 빠르고 무죄한 피를 흘리기에 신속하며 그 생각은 악한 생각이라 황폐와 파멸이 그 길에 있으며 그들은 평강의 길을 알지 못하며 그들이 행하는 곳에는 정의가 없으며 굽은 길을 스스로 만드나니 무릇 이 길을 밟는 자는 평강을 알지 못하느니라 그러므로 정의가 우리에게서 멀고 공의가 우리에게 미치지 못한즉 우리가 빛을 바라나 어둠뿐이요 밝은 것을 바라나 캄캄한 가운데에 행하므로" (이사야 59:1~9). 우리가 마음에 거리끼는 것이나 양심의 가책을 받는 것이 있다면, 하나님께 용서를 구할 때입니다. 또 다른 사람과의 관계를 검토해보고 가능한 사랑으로 대하면 하나님은 우리를 기뻐하실 것입니다.

기도: "예수님, 모든 사람들과 특별히 당신과 사랑의 관계를 가질 수 있게 도와 주세요."

99일

정의를 실천하라

하나님은 정의가 수반되지 않을 때 기뻐하지 않으십니다. 하나님을 사랑하고 그분을 기쁘게 해드리기 위해, 우리는 정의를 위해서 일해야 할 필요가 있습니다.

"성실이 없어지므로 악을 떠나는 자가 탈취를 당하는도다 여호와께서 이를 살피시고 그 정의가 없는 것을 기뻐하지 아니하시고 사람이 없음을 보시며 중재자가 없음을 이상히 여기셨으므로 자기 팔로 스스로 구원을 베푸시며 자기의 공의를 스스로 의지하사 공의를 갑옷으로 삼으시며 구원을 자기의 머리에 써서 투구로 삼으시며 보복을 속옷으로 삼으시며 열심을 입어 겉옷으로 삼으시고 그들의 행위대로 갚으시되 그 원수에게 분노하시며 그 원수에게 보응하시며 섬들에게 보복하실 것이라 서쪽에서 여호와의 이름을 두려워하겠고 해 돋는 쪽에서 그의 영광을 두려워할 것은 여호와께서 그 기운에 몰려 급히 흐르는 강물 같이 오실 것임이로다 여호와의 말씀이니라 구속자가 시온에 임하며 야곱의 자손 가운데에서 죄과를 떠나는 자에게 임하리라" (이사야 59:15~20).

하나님의 사랑은 온전한 평화를 창조합니다. 그분은 우리가 정의를 실천하기를 원하시고 그것은 그분을 사랑하는 표현중의 하나입니다. 우리가 예수님을 따르려면 그분이 사랑하시는 것을 사랑해야 합니다.

"그는 공의와 정의를 사랑하심이여 세상에는 여호와의 인자하심이 충만하도다" (시편 33:5).

기도: "예수님, 당신을 기쁘게 해드리기를 원합니다. 제가 당신의 사랑과 지혜로 공의와 정의를 실천할 수 있도록 인도해 주세요."

100일

하나님을 위해 빛을 발하라

"일어나라 빛을 발하라 이는 네 빛이 이르렀고 여호와의 영광이 네 위에 임하였음이니라 보라 어둠이 땅을 덮을 것이며 캄캄함이 만민을 가리려니와 오직 여호와께서 네 위에 임하실 것이며 그의 영광이 네 위에 나타나리니 나라들은 네 빛으로, 왕들은 비치는 네 광명으로 나아오리라 네 눈을 들어 사방을 보라 무리가 다 모여 네게로 오느니라 네 아들들은 먼 곳에서 오겠고 네 딸들은 안기어 올 것이라 그 때에 네가 보고 기쁜 빛을 내며 네 마음이 놀라고 또 화창하리니 이는 바다의 부가 네게로 돌아오며 이방 나라들의 재물이 네게로 옴이라…내가 내 영광의 집을 영화롭게 하리라…먼 곳에서 네 자손과 그들의 은금을 아울러 싣고 와서 네 하나님 여호와의 이름에 드리려 하며 이스라엘의 거룩한 이에게 드리려 하는 자들이라 이는 내가 너를 영화롭게 하였음이라 내가 노하여 너를 쳤으나 이제는 나의 은혜로 너를 불쌍히 여겼은즉 이방인들이 네 성벽을 쌓을 것이요 그들의 왕들이 너를 섬길 것이며" (이사야 60:1~10).

주님과 깊은 친밀한 사랑의 관계를 가질 때에 우리는 주님만이 주시는 기쁨, 평온함을 갖게 됩니다. 또 영광의 주님의 임재를 알게되고 많은 고통과 괴로움이 있는 이 어두운 세상을 주님의 사랑의 빛으로 비출 수 있게 됩니다. 하나님께서는 우리를 사랑하시기에 우리가 주님안에서 기뻐하고 그분을 사랑하는 것을 원하십니다. 그것이 우리의 죄를 대신해서 십자가에서 돌아가신 예수님, 그분의 하나밖에 없는 아들을 우리에게 주신 이유입니다.

기도: "예수님, 사랑합니다. 당신의 영광의 빛과 사랑을 실천함으로써 이 어두운 세상을 비추기를 원합니다."

"하나님이 세상을 이처럼 사랑하사 독생자를 주셨으니 이는 그를 믿는 자마다 멸망하지 않고 영생을 얻게 하려 하심이라" (요한복음 3:16).

부록

<예수님께로 초대>

여러분은 삶이 너무 어렵고, 고통스러우며, 무의미하다는 생각을 한 번이라도 해보셨습니까?
　사실 인간의 삶이 그렇습니다. 우리가 예수님을 마음에 영접하고 그분의 사랑을 이해하며 하나님께 용서를 받고 주님을 위해서 살려고 하기 전까지는 우리의 마음에 참된 평안이나 기쁨을 맛볼 수가 없습니다. 예수님을 믿고 그분의 사랑을 맛보고 어려운 삶 가운데에도 하나님을 위해서 복음을 전하는 사람이 되라고 권고하고 싶습니다.
　예수님께서는 우리를 위해서 십자가에 죽으시고 부활하셔서 우리를 위해 기도하고 계십니다. 예수님을 아직도 영접하지 않으셨다면 이 시간에 기도로 그분을 영접하시고 구원을 받으십시오.

　"예수님, 저는 죄인입니다. 저는 이 시간 주님을 영접하기 원합니다. 저에게 오셔서 저의 모든 죄를 용서하시고 저의 삶을 주관하시고 성령님의 인도하심으로 복음을 전할 수 있는 주님의 제자가 되기 원합니다. 제 마음의 모든 상처도 치유해 주시고 주님의 평안과 기쁨을 저에게 주시옵소서. 예수님의 이름으로 기도드립니다. 아멘."

　교회를 안 다니신다면 믿음의 성도들과 교제할 수 있고 성경을 잘 가르치는 교회를 찾으시길 바랍니다.
　성경을 매일 읽으시고 기도하시며 주님을 알려고 노력하십시오. 어떤 성경을 읽어야 좋을지 모르신다면 신약 복음서(마태, 마가, 누가, 요한)를 읽고 예수님이 누구신지를 배우시기 바랍니다. 예수님의 사랑을 이해하고 예수님과 더 가까운 관계를 가지시려면 그분을 성경을 통해서 아는 것이 매우 중요합니다.

마음이 아플 때는 예수님께 상처를 치유해 달라고 기도하시고 또 어려움이 있을 때는 찬송을 부르며 주님에게서 위로를 받으며 승리하는 삶이 되시기를 바랍니다. 이 세상이 아무리 힘하고 어려워도 주님께서 도와주시면 승리하시는 삶을 살 수 있습니다. 주님을 위해서 살며 열매 맺는 삶을 살아야겠다는 목표를 가지고 사시기를 바라며 또 영적 성장을 위해서 기도 하시기를 바랍니다.

"예수님, 저에게 당신의 지혜를 주셔서 성경을 이해할 수 있게 해주시고 아직 용서 못한 사람이 있다면 다 용서할 수 있도록 당신의 사랑을 저의 마음에 부어주세요. 어떻게 살아야 하나님께 영광을 돌릴 수 있는지도 가르쳐 주세요. 저에게 주님을 가르쳐 줄 수 있는 사람들을 만날 수 있는 기회를 주세요. 주님께서 저의 죄를 대속해서 십자가에 돌아가신 사랑도 더 알 수 있도록 저의 마음의 문을 열어주세요. 성령님, 저의 하루하루를 하나님께로 인도해 주시고 당신의 뜻에 순종할 수 있게 해주세요. 예수님의 이름으로 기도 드립니다. 아멘."

변화 프로젝트
(Transformation Project Prison Ministry)

　2005년에 설립된 변화 프로젝트는 감옥 문서 선교 비영리단체로서 17만권도 넘는 책들과 비디오들이 미국 전역으로 교도소, 형무소 그리고 노숙자 보호소에 목사들을 통해서 무료로 배포되고 있습니다. 아담스카운티 교도소 수감자들의 신앙간증을 엮은 책이 영어로 6권, 스페인어로 2권이 출판 되었고, 비디오 영화가 4편이 제작되었습니다. 변화 프로젝트는 예수님의 복음을 땅끝까지 전하여 영혼 구원과 영적 성장을 초점으로 하는 소망의 문서 선교입니다.

　변화 프로젝트를 후원하기 원하시는 분들은 수표를 Transformation Project Prison Ministry로 쓰시고 아래 주소로 보내주시면 됩니다.

Transformation Project Prison Ministry
5209 Mountview Blvd., Denver, CO 80207

홈페이지: www.maximumsaints.org
　　　　http//blog.daum.net/hanulmoon24
이메일: tppm.ministry@gmail.com
　　　　yonghui.mcdonald@gmail.com

2013년에 한국에서 변화 프로젝트가 설립되었습니다.
한국 연락처: 이 본 목사, 변화 프로젝트 부장
　　　　　하늘문교회, 인천시 남동구 구월3동
　　　　　1388-15, 우편번호 405-840
Cell: 010-2210-2504, 교회전화: 070-8278-2504
이메일: leeborn777@hanmail.net

하늘문선교회

하늘문선교회는 지극히 작은자에게 사랑과 소망의 가교 역할을 합니다. 미국에서 추방된 교포형제, 자매들, 미국교도소에서 이송된 형제, 혹은 추방자, 교도소접견, 교도소집회간증, 문서 선교를 통한 신앙치유 사역을 하고 있습니다.
후원계좌: 국민은행 048-401-04-062403
        <예금주 이 본>
이 본 목사, 하늘문선교회 회장
인천시 남동구 구월3동 1388-15, 우편번호 405-840
Cell: 010-2210-2504, 교회전화: 070-8278-2504
이메일: leeborn777@hanmail.net
홈페이지: http//blog.daum.net/hanulmoon24
       http//blog.daum.net/leeborn777

재향 군인회 재단
(Veterans Twofish Foundation)

2011년 재향 군인회라는 비영리단체가 설립되어서 군인들과 군인 가족들의 신앙간증 책을 출판하여 미국 전역으로 교도소, 형무소, 노숙자 보호소 그리고 군인들에게 목사님들을 통해서 무료로 배포되고 있습니다. 재향 군인회를 후원하기 원하시는 분들은 수표를 Veterans Twofish Foundation으로 쓰시고 아래 주소로 보내주시면 됩니다.
    Veterans Twofish Foundation
    P.O. Box 220, Brighton, CO 80601
    홈페이지: veteranstwofish.org

저자소개

-이영희-
(Yong Hui V. McDonald also known as Vescinda McDonald)

- 수원장로교 신학교 졸업 (1979년)
- Multnomah University, Portland, Oregon 졸업 (1984년 못노마 대학, 오레건주 학사학위 이수)
- Iliff School of Theology, Denver, Colorado, Master of Divinity 졸업 (2002년 아일맆 연합감리교 신학대학원, 석사 학위 이수)
- Asbury Theological Seminary, Doctor of Ministry student (애즈베리 신학대학원, 박사학위 과정)
- Denver Women's Correctional Facility Intern Chaplain (2000~2001년) (덴버여자감옥 목회자 인턴쉽)
- Iliff Student Senate and Prison Ministry Coordinator (1999~2002년) (사회활동 위원회에서 활동하였으며, 감옥 선교를 시작함)
- Smoky Hill United Methodist Church (2001~2002년) (한인연합감리교회 목사 인턴쉽)
- Memorial Hospital, Colorado Springs, Colorado, Chaplain Intern Ship (2002년) (병원 목사 인턴쉽)
- St. Joseph Hospital, Denver, Colorado (2002년~현재 병원에서 목사로 재직)
- Adams County Detention Facility Chaplain, Brighton, Colorado (2003~현재 아담스카운티 교도소에서 목사로 재직)
- 2005년 감옥 문서 선교 비영리단체를 설립함. 변화 프로젝트 (Transformation Project Prison Ministry)를 설립하여 책들과 비디오들이 미국 전역에 교도소 그리고 노숙자 보호소에 목사들을 통하여 무료로 배포하고

있습니다. 아담스 카운티 교도소 재소자들의 신앙간증을 엮은 책이 영어로 6권, 스페인어로 2권이 출판 되었고, 비디오 영화가 4편이 제작되었습니다.
- 2008년 남편이 교통사고로 소천한 후 하나님의 치유를 경험하고 상처 받고 슬퍼하는 사람들의 영적, 정신적인 치유를 돕는 문서 선교 (Griefpathway Ventures LLC)를 2010년에 설립하여 그에 관한 책들이 영어와 스페인어 또 한국어로 출판 되었습니다.
  홈페이지: www.griefpathway.com
- 2011년 군인들과 군인 가족들의 신앙간증을 발행하는 재향 군인회 재단 (Veterans Twofish Foundation)라는 비영리단체를 설립하였습니다. 군인들과 군인 가족들의 신앙간증을 출판하고 미 전역에 교도소, 형무소 그리고 노숙자 보호소에 목사들을 통해서 무료로 배포하고 있습니다.

About The Author

Yong Hui V. McDonald, also known as Vescinda McDonald, is a United Methodist minister, chaplain at Adams County Detention Facility (ACDF) in Brighton, Colorado. She is a certified American Correctional Chaplain, spiritual director and on-call hospital chaplain.

She is the founder of the following:
- Transformation Project Prison Ministry (TPPM), a 501(c)(3) non-profit, in 2005. TPPM produces Maximum Saints books and DVDs of ACDF saints stories of transformation and they are distributed freely to prisons, and homeless shelters.
- GriefPathway Ventures LLC, in 2010, to produce books, DVDs, and audio books to help others to process grief and healing.
- Veterans Twofish Foundation, a 501(c)(3) non-profit, in 2011, to reach out to produce books written by veterans and veterans' families to reach out to other veterans and their families.

Education:
- Suwon Presbyterian Seminary, Christian Education (1976~1979)
- Multnomah University, B.A.B.E. (1980~1984)
- Iliff School of Theology, Master of Divinity (1999~2002)
- Asbury Theological Seminary, Doctor of Ministry student.

Books and Audio Books by Yong Hui:
- *Journey With Jesus, Visions, Dreams, Meditations & Reflections*
- *Dancing In The Sky, A Story of Hope for Grieving Hearts*
- *Twisted Logic, The Shadow of Suicide*
- *Twisted Logic, The Window of Depression*
- *Dreams & Interpretations, Healing from Nightmares*
- *I Was The Mountain, In Search of Faith & Revival*
- *The Ultimate Parenting Guide, How to Enjoy Peaceful Parenting and Joyful Children*
- *Prisoners Victory Parade, Extraordinary Stories of Maximum Saints & Former Prisoners*
- *Four Voices, How They Affect Our Mind: How to Overcome Self-Destructive Voices and Hear the Nurturing Voice of God*
- *Tornadoes, Grief, Loss, Trauma, and PTSD: Tornadoes, Lessons and Teachings—The TLT Model for Healing*
- *Prayer and Meditations, 12 Prayer Projects for Spiritual Growth and Healing*
- *Invisible Counselor, Amazing Stories of the Holy Spirit*
- *Tornadoes of Accidents, Finding Peace in Tragic Accidents*
- *Tornadoes of Spiritual Warfare, How to Recognize & Defend Yourself From Negative Forces*
- *Lost but not Forgotten, Life Behind Prison Walls*
- *Loving God, 100 Daily Meditations and Prayers*
- *Journey With Jesus Two, Silent Prayer and Meditation*

- *Women Who Lead, Stories about Women Who Are Making a Difference*
- *Loving God Volume 2, 100 Daily Meditations and Prayers*
- *Journey With Jesus Three, How to Avoid the Pitfalls of Spiritual Leadership*
- Complied and published *Tornadoes of War, Inspirational Stories of Veterans and Veteran's Families* under the Veterans Twofish Foundation.
- Compiled and published five *Maximum Saints* books under the Transformation Project Prison Ministry.

DVDs produced:
- *Dancing In The Sky, Mismatched Shoes*
- *Tears of The Dragonfly, Suicide and Suicide Prevention (Audio CD* is also available*)*

Spanish books:
- *Twisted Logic, The Shadow of Suicide*
- *Journey With Jesus, Visions, Dreams, Meditations and Reflections*
- *Maximum Saints Forgive*

Korean books (한국어로 번역된 책들):
- 『예수님과 걷는 길, 비전, 꿈, 묵상과 회상』
  (*Journey With Jesus, Visions, Dreams, Meditations & Reflections*)
- 『치유, 사랑하는 이들을 잃은 사람들을 위하여』
  (*Dancing In The Sky, A Story of Hope for Grieving Hearts*)
- 『꿈과 해석, 악몽으로부터 치유를 위하여』
  (*Dreams & Interpretations, Healing from*

- *Nightmares*)
- 『나는 산이었다, 믿음과 영적 부흥을 찾아서』
  (*I Was The Mountain, In Search of Faith & Revival*)
- 『하나님의 치유를 구하라, 자살의 돌풍에서 치유를 위하여』 (*Twisted Logic, The Shadow of Suicide*)
- 『승리의 행진, 미국 교도소와 문서 선교 회상록』
  (*Prisoners Victory Parade, Extraordinary Stories of Maximum Saints & Former Prisoners*)
- 『네가지 음성, 악한 음성을 저지하고 하나님의 음성을 듣는 영적훈련』 (Four *Voices, How They Affect Our Mind*)
- 『영적 전쟁에서의 승리의 길』 (*Tornadoes of Spiritual Warfare, How to Recognize & Defend Yourself From Negative Forces*)
- 『하나님 사랑합니다, 100일 묵상과 기도』
  (*Loving God, 100 Daily Meditations and Prayers*)
- 『예수님과 걷는 길 2편, 침묵기도와 묵상』
  (*Journey With Jesus, Silent Prayer and Meditation*)
- 『우울증과 영적 치유의 길』
  (*Twisted Logic, The Window of Depression*)
- 『하나님 사랑합니다 2편, 100일 묵상과 기도』
  (*Loving God Volume 2, 100 Daily Meditations and Prayers*)
- 『예수님과 걷는 길 3편, 영적인 여정에서 위험한 함정들』 (*Journey With Jesus Three, How to Avoid the Pitfalls of Spiritual Leadership*)
- 『자녀들의 영적 성장을 위한 지침서』
  (*The Ultimate Parenting Guide*)

그린이 소개

-박영득-

박영득 (Holly Weipz)은 콜로라도 주 브라이튼시에 있는 성 어거스틴교회를 섬기고 있으며 특히 성체조배와 그림, 일러스트레이터를 통하여 주님께 영광을 드리는 자원봉사자 입니다.

Holly Weipz, a resident of Brighton Colorado, is a participant of the City of Brighton's Artist on Eye of Art Program. She is a member of St. Augustine Catholic Church and enjoys drawing and painting.

역자 소개

-한충희-
(Choong-Hee Lee)

- New York에 살고 있으며 뉴저지 연합감리교회를 섬기고 있음
- Psychotherapist 심리 상담가
- MA in Pastoral Counseling at Fordham University in NY (2011)
- 목회상담으로 Fordham University에서 석사 학위 받음

Made in the USA
Middletown, DE
30 May 2015